AF285702

Veerendra H. Bühner

Demenz

Der
Untergang
der
Persönlichkeit

* * *

Leben und Sterben
in einer todesverneinenden Kultur

Impressum:

© 2023 Veerendra H. Bühner

Coverbild: Quelle: https://pixabay.com/de

ISBN: 978-3-7578-1097-9

Herstellung und Verlag: BoD - Books on Demand,
Norderstedt

Inhalt

Einleitung

Vorweg sei gesagt, dass dieses Buch keine Unterhaltungslektüre ist, über die man schnell mal hinweglesen kann, um deren Gehalt zu verstehen. Vielmehr ist es ein Buch zum Innehalten und zum Nachdenken. Es ist ein Buch des Anstoßes, ein Buch voller Denk- und Gefühlsanstöße, denen man nachgehen sollte, wenn man dessen Gehalt begreifen will. Denn schließlich werden Tabuthemen unserer persönlichkeitsorientierten, todesverneinenden Gesellschaft angesprochen und der Leser soll mit dem Thema Tod   auch mit seinem eigenen   konfrontiert werden.

Weil der Mensch unserer schnelllebigen Zeit auch schnell mal über einige wichtige Passagen in diesem Buch hinweglesen kann, ohne deren Gehalt wirklich aufzunehmen, wurde der Text nach dem Prinzip Steter Tropfen höhlt den Stein so gestaltet, dass es öfters zu sinngemäßen Wiederholungen von wichtigen Aussagen im Textverlauf kommt. Dies entspricht vielleicht nicht gerade den Gepflogenheiten und der Form moderner Schriftstellerei, kann aber seinen Zweck, den Leser aufzurütteln, durchaus erfüllen. Schließlich handelt es sich ja bei der Person des Verfassers nicht um einen gelehrten Schriftsteller oder Marketingexperten, sondern eher um einen Familienvater, erfahrenen Altenpfleger und Praktiker der Meditation und der Innenschau.

Um den größtmöglichen Nutzen aus diesem Buch zu ziehen, sollte der Leser nicht von vornherein gleich jeder Aussage zustimmen oder sie ablehnen. Viel- mehr sollte er so oft wie möglich erst einmal innehalten, damit das Gelesene in ihn eindringen kann, und dann sollte er nachdenken, nachfühlen und reflektieren, um sich ein möglichst objektives Urteil bilden zu können.

Dennoch wird manches, in seinem Gesamtzusammenhang, erst dann verstehbar werden, nachdem das Buch vollständig, eventuell auch mehrmals gelesen wurde.

Besonders durch mehrmaliges Lesen und Nachsinnen können sich immer wieder neue Perspektiven und neue Zusammenhänge für den Leser auftun.

Denn obwohl dieses Buch in seinem Umfang relativ klein gehalten ist, enthält es doch ein umfangreiches und dicht gepacktes Wissen, welches vom Leser erst entpackt werden will.

Erst so kann er eine Möglichkeit für sich schaffen, dass das Gelesene in seiner Gesamtheit eine bleiben- de, richtungsweisende Spur in ihm hinterlässt, welche seine Haltung dem Leben, dem Sterben und dem Tod gegenüber verändert und auf die er während seines Alterns und Sterbens zurückgreifen kann.

Der Anlass, ein solches Buch über natürliches, würdevolles Altern und Sterben zu schreiben, ergab sich aus
einer mehr als fünfunddreißigjährigen Arbeit mit sterbenden und dementen alten Menschen in einer geschlossenen Abteilung eines Altenheimes und durch
das dortige Aufeinandertreffen zweier grundverschie-
dener Betreuungssysteme während einer Prüfung des
medizinischen Dienstes der Krankenkassen.
Bei dem einen Betreuungssystem stand die Empathie
mit dem Menschen und seiner besonderen Lebenslage
im Vordergrund.
Bei dem anderen Betreuungssystem handelte es sich
um ein eher starres und standardisiertes System zur
Überwachung der zu betreuenden Menschen. (Siehe
auch nachfolgende Stellungnahme des Verfassers zu
einer Prüfung durch den MDK.)
Während einer solchen Prüfung stellte sich nämlich
nach und nach heraus, dass es sich um eine Maß-
nahme handelte, die, wenn auch wohlmeinend, mit allen zur Verfügung stehenden Mitteln, ein natürliches
Altern und Sterben alter Menschen zu verhindern
suchte.
Diese Tatsache legte offen, wie weit sich unsere moderne, todesverneinende Gesellschaft durch ihre Persönlichkeitskultur von der Wirklichkeit des Daseins,

vom natürlichen Lebensfluss und den Selbstregulierungsmechanismen des Lebens entfernt hat.

Folglich richtet sich dieses letztendlich vom Leben geschriebene Buch an diejenigen, welche für sich selbst ein natürliches, menschenwürdiges Altern und Sterben wünschen, aber auch an Ärzte und diejenigen, die alte und sterbende Menschen in ihrer letzten Lebensphase begleiten, betreuen oder pflegen wollen.

Eventuell harsch anmutende Kritik an bestimmten Kontroll-, Prüfungs- und Qualitätssicherungs- Institutionen für Altenheime soll keine Diffamierung derselben darstellen, sondern lediglich verdeutlichen, wie weit sich der Mensch innerhalb unserer Persönlichkeitskultur von seiner eigenen Natur, von den natürlichen Gegebenheiten des Daseins und insbesondere von der Tatsache der Unvermeidbarkeit des Sterbens entfernt hat.

Über moderne Zwangsmaßnahmen ein natürliches Altern und Sterben zu verhindern

Stellungnahme des Verfassers zu einer Prüfung durch den MDK:

„Empathie oder Überwachung? Das Aufeinandertreffen zweier Systeme:

Über einen Zeitraum von mehr als 30 Jahren haben wir rüstige, gebrechliche, demente und sterbende alte Menschen betreut, gepflegt und sie in ihren letzten Stunden begleitet. Während dieser Zeit haben wir unsere eigenen Erfahrungen und Erkenntnisse gesammelt. Wir haben über das Leben, über menschliche Freuden, menschliche Leiden und den Tod nachgedacht. Wir haben mitgefühlt und unser Handeln hinterfragt, um das größtmögliche Wohlergehen für die von uns betreuten Menschen sicherzustellen.

Wir haben gelernt, lebensnah zu betreuen und zu pflegen, haben neueste pflegerische, medizinische und palliativmedizinische Erkenntnisse in unser Handeln mit einbezogen und eigenständig verschiedene Konzepte für unser Handeln erarbeitet. Wir haben im Laufe der Zeit ein lebens- und todesbejahendes Pflege- und Betreuungssystem entwickelt, dessen

Schwerpunkt auf die gegenwärtigen, aktuellen und unmittelbaren Bedürfnisse eines lebenden oder sterbenden alten Menschen ausgerichtet ist.

Auf diese Weise ist ein emphatisches, flexibles und lebendiges Betreuungs- und Pflegesystem entstanden, welches sich spontan dem sich wandelnden Lebensfluss eines Menschen anpasst. Es ist ein lebensnahes Mitgehen mit dem natürlichen Fluss und Wandel der Dinge als auch ein Eingehen auf die Bedürfnisse alter und sterbender Menschen.

Dieses empathische Betreuungs- und Pflegesystem hat sich bisher sehr gut bewährt, was sich in der Unversehrtheit und der Zufriedenheit der uns anvertrauten Menschen sowie in der Zufriedenheit von Angehörigen widerspiegelt.

Dieses Betreuungssystem ist nicht aus Missständen oder Profitgier entstanden, sondern allein aus Selbstverantwortung und Verständnis für die Situation des alten, sterbenden Menschen.

Nun steht diesem emphatischen Betreuungs- und Pflegesystem ein vollkommen anderes gegenüber, nämlich ein standardisiertes, an Schreibtischen entwickeltes Überwachungssystem, welches aus Missständen entstanden ist – seien sie durch Mangel an Personal, Profitgier oder vielleicht sogar durch Verantwortungslosigkeit bedingt.

Wir aber hatten bisher und glücklicherweise noch niemals Missstände irgendwelcher Art. Personal war immer genügend vorhanden. Profitgier war kein Thema, da wir eine kostendeckende Einrichtung sind. Unserer Verantwortung dem alten Menschen gegenüber waren wir uns immer bewusst.

Das überwachende Betreuungssystem findet in den regelmäßig durchgeführten Überprüfungen der Altenheime durch den MDK und durch die sogenannten Expertenstandards zur Pflege und Betreuung alter Menschen seinen Ausdruck.

Die lebensfernen, offensichtlich von Schreibtischexperten entwickelten Expertenstandards überschatten nun die Altenpflege wie ein Massenwahn und „müssen unbedingt" eingeführt werden, ohne zu hinterfragen, ob sie überhaupt gebraucht werden, ob sie lebenskonform sind oder ob sie überhaupt einen Sinn machen.

Der Schwerpunkt dieses überwachenden Pflege- und Betreuungssystems liegt mehr im geschriebenen Wort und in verschiedenen Kontroll- und Überwachungswerkzeugen, als in den zu betreuenden Menschen.

Es wird beobachtet, geschrieben, gemessen, geschrieben, erhoben, geschrieben, eingeschätzt, geschrieben, skaliert, geschrieben, usw.

Punktwerte sollen nun entscheiden, ob bestimmte Risiken für den pflegebedürftigen Menschen bestehen oder nicht, und alles muss peinlichst genau dokumentiert werden. Das Ergebnis all dieser Erhebungen soll dann das Handeln der Pflegenden bestimmen. Handlungen, welche nicht den Leitlinien dieser Erhebungen entsprechen, müssen auf das Genaueste begründet und schriftlich dokumentiert werden, usw.

Allein dies zeigt schon, wie weit sich ein solches Überwachungssystem vom tatsächlichen Menschen und dessen wirklichem Leben entfernt hat. Es schreibt nämlich dem Leben hinterher, während es ihm davonläuft.

Weil dieses System mit seinen Überwachungswerkzeugen und Maßnahmen immer nur erhalten will, gleichgültig, ob dieses Erhalten wollen mit den natürlichen Gegebenheiten des Lebens vereinbar ist oder nicht, führt es letztendlich zu einer Ablehnung natürlicher Degenerationsprozesse sowie des Sterbens und des Todes.

Es ist somit nicht mehr lebens- und daseinskonform, weshalb es sich früher oder später als illusorisches Pflege- und Betreuungssystem entpuppen wird. Denn Degeneration, Sterben und Tod sind selbst untrennbare Teile des Lebens.

Aber das Schlimmste an diesem Überwachungssystem ist, dass es mehr und mehr zu einem ausgeklügelten System zur Verlängerung menschlicher Leiden wird, welches sich hinter dem Deckmantel der Qualitätssicherung verbirgt, sodass die Urheber dieses Systems gar nicht bemerken, was sie einem Menschen damit antun können.

Ein Beispiel:

Angenommen, wir haben einen an Demenz erkrankten Menschen vor uns, dessen Leben nur noch aus mechanischen Perseverationen besteht und dessen Lebensqualität aufgrund verlorener, unwiederbringlicher Integrität und einiger körperlicher Gebrechen stark eingeschränkt oder gar nicht mehr vorhanden ist. Für einen solchen Menschen ist es ganz natürlich, wenn sein Appetit nachlässt und er gleichzeitig durch nachlassende Organfunktionen an Körpergewicht verliert.

An dieser Stelle kommt nun einer der so genannten „Expertenstandards" zum Tragen, der unbedingt den Appetit und das Gewicht eines Menschen erhalten will.

Und weil ein solcher Standard eben nur die Messwerte einer Waage und nicht die Gesamtsituation eines Menschen berücksichtigt, wird ein solcher Mensch jetzt mit allen zur Verfügung stehenden Mitteln,

Kniffen und Tricks, mit hochkalorischer Kost, Appetit-anreger und Zwischenmahlzeiten, usw. „ernährt", ohne dass darüber nachgedacht wird, was man er-nährt und aufrechterhält.

Denn dadurch, dass man den natürlichen Lauf der Dinge hintergeht und abzuändern versucht, verschlimm-mert und verlängert man nur die ohnehin schon deso-late Situation eines solchen Menschen.

Jeder dieser Expertenstandards ist eben nur auf einen kleinen Teil eines Menschen beschränkt. Und wenn wir einen Teil aufrechterhalten, während viele andere Teile schon unwiederbringlich degeneriert oder nicht mehr aufrechtzuerhalten sind, dann schaffen wir für den einzelnen Menschen ein Horrorszenario, welchem er sich nicht mehr entziehen kann. Wir berauben ihn seiner Natur und, schlimmer noch, auch seiner Würde. Groteskerweise wird dies dann „Qualitätssiche-rung" genannt.

Wie lange wird es wohl noch dauern, bis diese Einsicht auch den sogenannten „Experten" und den Mitarbei-tern des medizinischen Dienstes der Krankenkassen dämmert? (... Hoffnungslosigkeit! ...)

In unserem emphatischen Pflege- und Betreuungssys-tem brauchen wir solche Dinge nicht. Denn wir arbei-ten direkt am Menschen und damit direkt am Leben.

Wir beobachten und können unmittelbar handeln. In diesem System sind wir, die Pflegenden, die Experten. Die schon zwanghaft gewordene Einführung des überwachenden Pflege- und Betreuungssystems in den Einrichtungen beginnt mit regelmäßigen und unangemeldeten Kontrollen durch den Medizinischen Dienst der Krankenkassen, nämlich, mit den sogenannten MDK-Prüfungen.

So standen eines Tages drei überzeugte Repräsentantinnen dieses überwachenden Pflege- und Betreuungssystems vor unserer Tür, um eine Prüfung durchzuführen:

Im Laufe des Tages zeigten sie in ihrem Auftreten und Verhalten mehr und mehr ein Benehmen, das an Polizeibeamte erinnerte, die versuchten, einen „Verdächtigen" zu überführen. All unsere Bemühungen, ihnen unser lebensnahes emphatisches Pflege- und Betreuungssystem zu erklären, waren sinn- und ergebnislos. Wir waren „Verdächtige" und „Unwissende", denen gesagt werden musste, wie man „richtig" pflegt und dokumentiert und auf „was" man besonders achten „muss".

(… Enttäuschung! …).

Da taucht die Frage auf: Können, wollen oder dürfen sie es nicht verstehen?

Die Prüferinnen des Vorjahres zeigten jedenfalls mehr Verständnis für unsere Arbeit. Wir erhielten eine Gesamtnote von 1,2 und ein paar unbedeutende Verbesserungsvorschläge für unsere Dokumentation. Diese zwar sinnlosen Vorgaben wurden, obwohl sie am Ergebnis unserer Pflege nichts änderten, umgehend von uns umgesetzt.

Seltsamerweise bewerteten die jetzigen Prüferinnen unsere, nach MDK-Vorgaben jetzt schon „verbesserte" Dokumentation viel schlechter als die Prüferinnen des Vorjahres.

Dies lässt nur folgenden Schluss zu:

Das Ergebnis einer MDK-Prüfung ist nicht von den objektiven Gegebenheiten, sondern zum Großteil vom subjektiven Verständnis und der subjektiven Willkür der prüfenden Personen abhängig!

Zu guter Letzt sollen noch einige fragwürdige und, realistisch gesehen, irrsinnige MDK Forderungen angeführt werden:

(… Demotivation …)

Unsere Dekubitusprophylaxe „sollte" verbessert werden, obwohl von allen 120 Bewohnern unseres Hauses nicht ein einziger einen Dekubitus aufwies.

Wir „sollten" z. B. nicht mehr nur unserer Erfahrung und unseren Augen trauen, wenn wir den Hautzustand eines zu Pflegenden beurteilen, sondern in unserer

Dokumentation „müsste" stehen: dass wir täglich einen Haut- oder einen Fingerdrucktest durchführen. Und die Durchführung dieses Tests „müsste" täglich von dem entsprechenden Pflegedienstmitarbeiter dokumentiert und abgezeichnet werden.

Als ob dies etwas daran ändern würde, dass, aufgrund unserer guten Pflege, sowieso kein einziger unserer Bewohner einen Dekubitus aufwies?

Es sollte nun auch nicht mehr ausreichen, wenn in der Dokumentation steht, dass ein Bewohner regelmäßig, z. B. wöchentlich, Besuch von einem oder einer Angehörigen erhält, sondern es „sollte" aufgeschrieben werden, welcher/welche Angehörige an welchem Tag wie lange kommt und was er/sie, wie lange, mit dem Bewohner macht: ob der Angehörige mit ihm singt, ob er ihn streichelt, ob er mit ihm spazieren geht, ihn einreibt oder sich einfach mit ihm unterhält. Und am besten noch über „was" man sich unterhält - wegen der sogenannten Biographiearbeit usw.

Als ob dies die Lebensqualität eines Bewohners verbessern würde? Und wo bleibt da der Schutz der Privatsphäre? Es ist und bleibt eben ein Überwachungssystem!

Obwohl wir ständig dafür Sorge tragen, dass unsere dementen Bewohner immer und zu jeder Zeit ihrem Bedürfnis entsprechend genügend zu trinken bekommen, sollte nun für diese ein Trinkprotokoll angefertigt werden, aus welchem ersichtlich ist, „was", „wann" und „wie viel" getrunken wurde, um dann zu versuchen dem Bewohner täglich eine angestrebte Menge Flüssigkeit einzuflößen.

Als ob dies das individuelle Trinkverhalten eines Bewohners zum Besseren wenden würde? Wenn heute jemand 1,5 l. trinkt und morgen zwei und übermorgen nur einen, dann ist das sein individuelles Trinkbedürfnis. Warum sollten wir das ändern?

Alle dementen Bewohner „sollten", wegen eines erhöhten Grundumsatzes, Zwischenmahlzeiten und hochkalorische Kost erhalten.

Als ob dies zu einer Verbesserung des Gesamtbefindens beitragen würde?

Vielmehr sollte hier die Frage gestellt werden, ob eine mehr als die gewohnte Nahrungszufuhr nicht die ohnehin schon nachlassenden Organfunktionen eines alten Menschen übermäßig belastet und das oft stereotype Verhalten eines dementen Menschen verstärkt, sodass daraus am Ende ein schlechteres Gesamtbefinden resultiert, als wenn man der Natur einfach ihren Lauf lässt?

Unsere langjährige Erfahrung bestätigt dies!

Wenn wir durch solche Vorgaben dem Leben schon hinterher schreiben müssen, sollten wir wenigstens darauf achten, dass es uns nicht davonläuft, während wir schreiben!

Fazit:

Die Einrichtungen, welche sich am weitesten von wirklichen Leben entfernt haben oder dies am besten vortäuschen können, erhalten die besten MDK – Bewertungen! Es ist also nichts, worauf man stolz sein könnte!" Ende der Stellungnahme.

Diese gesamte Stellungnahme wurde dem MDK nach der Prüfung zugeschickt und wurde vollkommen ignoriert.

Stattdessen wurde trotz einer Gesamtnote von 1,4 mit einer Kündigung des Versorgungsvertrags gedroht, sollten die für uns sinnlosen Vorgaben nicht bis zu einer gesetzten Frist umgesetzt worden sein.

Zusätzlich musste das Altenheim eine Nachprüfung auf eigene Kosten über sich ergehen lassen.

Dies war das Ende eines bislang gut funktionierenden empathischen Pflege- und Betreuungsmodells, welches jetzt nur noch eingeschränkt hinter einem pompös aufgeplusterten Dokumentationssystem, das gewissermaßen diktatorisch aufgezwungen wurde, praktiziert werden kann.

Das Messen, Wiegen, Skalieren, Dokumentieren und die aufgezwungenen Handlungsvorschriften lassen nun den pflegebedürftigen Menschen mit seinen

besonderen Bedürfnissen in den Hintergrund treten,
was von den Vertretern des Überwachungssystems,
welche nur Zahlen, Messwerte und Expertenstandards
sehen, natürlich vehement bestritten wird – trotz der
Tatsache, dass Bedürfnisse nicht anhand von Skalen
gemessen werden können. Außerdem wird durch
solch ein System den Pflegekräften jegliche Eigenverantwortung und Motivation genommen. Als Pflegekräfte werden sie mehr zu Formularausfüllern als zu
Dienstleistern an pflegebedürftigen, alten Menschen.
Bleibt nur die Hoffnung, dass vielleicht künftige Generationen mehr eigenverantwortliche Handlungsspiel-
räume haben als die gegenwärtigen. Und vielleicht
stehen diese Generationen dem Menschen näher als
dem geschriebenen Wort.

Soweit zur aktuellen Situation alter und sterbender
Menschen in den „qualitätsgesicherten" Alten- und
Pflegeheimen.

Letztendlich entstand dieses Buch aus der Erkenntnis,
dass sowohl die überwachenden Pflegesysteme wie
das oben beschriebene, als auch die fortschreitende
Zunahme von Demenzerkrankungen in unserer Gesellschaft, Auswüchse einer einseitigen Persönlichkeitskultur sind, in welcher die Grundlagen und Voraussetzungen für ein menschenwürdiges Altern und Sterben

vernachlässigt wurden und zum Großteil sogar verloren gegangen sind.

Um diesen Mangel auszugleichen, sollen hier die psychologischen sowie die spirituellen Grundlagen und Voraussetzungen für ein menschenwürdiges Altern und Sterben ausführlich beschrieben werden. Denn um innerhalb unserer Persönlichkeitskultur ein natürliches, würdevolles Altern und Sterben zu erlangen, benötigen wir ein grundlegendes, verifizierbares Wissen, über die inneren Erlebnisräume des Menschen sowie über sein Dasein und über seinen Sterbeprozess selbst.

Die Grundlagen und die Hinterfragung des Unhinterfragten

Um eine Sichtweise zu gewinnen, die dem Menschen als Ganzes sowie seiner Natur gerecht wird, und auf solide Grundlagen zu stellen, müssen wir bestimmte oft unhinterfragte Dinge hinterfragen. Wir müssen bestimmte Dinge verstehen, um nicht einer Sichtweise zu verfallen, welche aus auswendig gelerntem Wissen und vagen Vorstellungen hervorgeht.

Weil es beim Altern und Sterben um uns selbst als Menschen geht, benötigen wir ein klares, umfassendes und verifizierbares Menschenbild. Wir müssen oft ganz selbstverständlich und halbbewusst gebrauchte Begriffe wie „Mensch", „Würde", „Lebensqualität", „Persönlichkeit", „Wesen", „Seele", „Demenz", „Leben" und Sterben", usw. hinterfragen und in ihrer wirklichen Bedeutung verstehen.

Deshalb sollen diese Dinge im Folgenden näher beleuchtet werden. Denn nur so können wir sie auf solide Grundlagen stellen und sie schließlich als Werkzeuge für unser angestrebtes Ziel, in Würde zu altern und zu sterben, einsetzen. Denn erst wenn wir mehr von diesen Dingen verstehen, können wir uns selbst und anderen Menschen gegenüber eine Haltung einnehmen, die Denk- und Handlungsfehler vermeidet, wie sie aus einer einseitigen Persönlichkeitskultur hervorgehen.

Weil der Mensch nicht nur ein körperliches Dasein besitzt, sondern in seiner Innenwelt ein eher spirituelles Wesen ist, sollen die spirituellen Aspekte des Alterns und Sterbens hier religionsübergreifend besonders berücksichtigt werden.

Plattformen des Verstehens

Im Dasein des Menschen können wir zwei Strömungen des Verstehens finden: eine Allgemeine Strömung und eine Spirituelle Strömung. Aus diesen beiden Strömungen bilden sich die entsprechenden Plattformen des Verstehens existenzieller Dinge, einschließlich des Menschen selbst. Die Blickwinkel der beiden Plattformen sind diametral entgegengesetzt. (Abb.1)

Auf der allgemeinen Plattform spielt sich das ganz „normale" Leben des Menschen mit seinem sozialen und kulturellen Kontext ab. Es ist der Ort gesellschaftlicher Normen und der Persönlichkeitskultur. Hier wird der Mensch von Geburt an entsprechend seines Kontextes und seiner Neigungen *geprägt* und *konditioniert*. Im Laufe seines Lebens nimmt er, ebenfalls entsprechend seines Kontextes und seiner Neigungen, den existenziellen Dingen des Daseins gegenüber, seinen ganz bestimmten und *persönlichen* Standpunkt ein.

Innerhalb der allgemeinen Plattform gibt es so viele persönliche Standpunkte und Meinungen über existenzielle Dinge, wie es Menschen gibt.

Die Grundströmung der allgemeinen Plattform ist die Art- und Selbsterhaltung, weshalb von dieser Grundströmung auch die persönlichen Standpunkte und

Meinungen des Menschen gefärbt werden. Und zwar gleichgültig wie verschieden diese Standpunkte und Meinungen auch sein mögen.

Die Art- und Selbsterhaltung bestimmt auf dieser Plattform auch die Rangordnung von Werten, wie sie in Abb.1 von unten nach oben dargestellt ist:

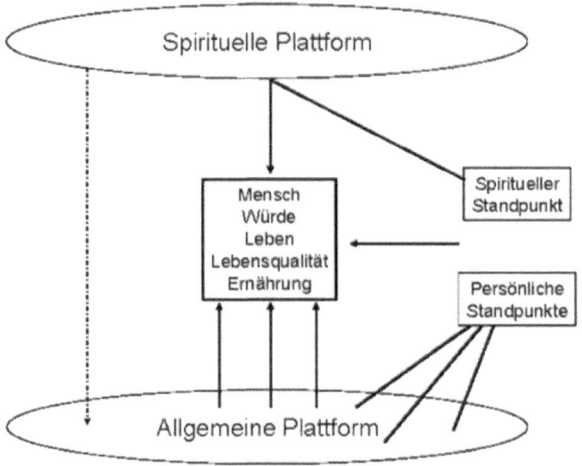

Abb. 1: Spirituelle und Allgemeine Plattform des Verstehens.

In der Werteordnung der allgemeinen Plattform steht an erster Stelle die Ernährung, da es ohne Ernährung weder eine Selbsterhaltung, noch eine Arterhaltung gibt.

An zweiter Stelle steht die Lebensqualität, welche auf dieser Plattform des Verstehens vorwiegend darin besteht, es dem Ernährten so angenehm und wohlig wie möglich zu machen und den größtmöglichen Lustgewinn aus den vorhandenen Bedürfnissen herauszuholen.

An dritter Stelle kommt das Leben. Es liegt schon außerhalb des Verstehens dieser Plattform und wird als ganz selbstverständlich erachtet. Leben wird hier nur insofern respektiert, als es persönlichen Zwecken dient. Ansonsten wird es mit Füßen getreten, missachtet, geopfert, wenn nicht sogar zerstört.

An vierter Stelle steht die Würde. Für den Menschen der allgemeinen Plattform steht sie als vages Wort am fernen Horizont. Die auf dieser Plattform noch unverstandene „Würde des Menschen" wird hier als „unantastbar" bezeichnet, während ihre „Träger" unaufhörlich menschenunwürdige Handlungen verrichten und ihresgleichen missachten, betrügen, missbrauchen, quälen oder sogar ermorden und abschlachten.

Und an letzter Stelle kommt – unglaublich, aber wahr – der Mensch selbst. Weil sich auf dieser allgemeinen Plattform kaum jemand für die wahre Natur oder für das wirkliche Wesen des Menschen interessiert, bleibt er in seiner Entwicklung auf der Stufe eines Tieres – wenn auch eines „höheren" – stehen, wähnt sich als

Krone der Schöpfung und stirbt oft auch einen menschenunwürdigen Tod, wie ein Tier.

Es ist das spirituelle Wesen eines Menschen, das ihn vom Tier unterscheidet. Wenn er seine spirituelle Seite verkümmern lässt, bleibt er ein Tier, lebt wie ein Tier und stirbt wie ein Tier - ganz gleichgültig, wie weit er seine Persönlichkeit kultiviert und zivilisiert hat oder welche Stellung er innerhalb der gesellschaftlichen, kulturellen oder politischen Landschaft einnimmt.

Der Mensch der allgemeinen Plattform ist immer nach außen gerichtet, er wird von äußeren, vorübergehenden Formen, Dingen oder Personen bestimmt und gelenkt. Sein Handeln wird von gelernter, anerzogener Moral oder Unmoral, von Eitelkeit, Stolz, Eifersucht, Neid, Ehrgeiz, Habsucht und Gier usw., angetrieben. Lob, Anerkennung, Ehre und Schmeicheleien erfüllen ihn mit Freuden und Glücksgefühlen, während ihn Gegenteiliges schmerzt, ihn kränkt, ihn erniedrigt, ihn resignieren lässt und mit Trauer oder Wut erfüllt.

Der Mensch der spirituellen Plattform hingegen ist mehr nach innen, auf sein inneres Wesen gerichtet. Sein Handeln wird eher von Verständnis und Mitgefühl bestimmt als von äußeren Umständen.

Der Einfluss der spirituellen Plattform auf die allgemeine Plattform, in Abb.1 als gestrichelt Linie dargestellt, ist nur sehr gering oder gar nicht vorhanden. Zwar haben große Religionsstlfter über die Jahrtausende immer wieder versucht der allgemeinen Plattform spirituelles Wissen und Verstehen zu vermitteln, aber es hat immer nur wenige, einzelne und empfängliche Individuen wirklich erreicht und sie ermutigt einen inneren Weg zu gehen.

Der Großteil dieses vermittelten, spirituellen Wissens und Verstehens wird innerhalb der allgemeinen Plattform immer wieder verwässert, zu Sonntagsreligionen, zu blindem Glauben oder zu sentimentaler Wellnessesoterik umgebaut und degradiert. Im schlimmsten Fall wird es sogar so fehl- und umgedeutet, dass es als Rechtfertigung dient, schlummernde Bestialität auszuleben und andersdenkende Wesen zu vernichten.

 Gleichzeitig hat es aber auch den Moralkodex vieler Menschen zum Besseren gewendet und in manchen Kulturen ein relativ friedliches Zusammenleben ermöglicht.

Ist die allgemeine Plattform der Ort der Persönlichkeitskultur, der vielfältigen, persönlichen Standpunkte und Meinungen, der Ort des Geborenwerdens, Erhaltens und Sterbens, der Ort der Freude und des Leids, kurz, der Ort der getrennten Gegensätze, so ist die spirituelle Plattform der Ort des Ursprungs, des

Wesentlichen, des Seins und der Einheit. Hier gibt es nur einen einzigen Standpunkt und einen einzigen 360 Grad Blickwinkel. Hier vereinigen sich Tag und Nacht, Freude und Leid, Geburt und Tod zu einer einzigen untrennbaren Einheit.

Dementsprechend gestaltet sich auf der spirituellen Plattform des Verstehens auch die Rangordnung von Werten, die mehr auf das Wesentliche ausgerichtet und der Werteordnung der allgemeinen Plattform entgegensetzt ist. (Abb.1)

Im Folgenden sollen nun Mensch, Würde, Leben, Lebensqualität und Ernährung vom spirituellen Standpunkt aus näher betrachtet werden.

Über den Menschen

In der folgenden Darstellung eines Menschenbildes werden die anatomischen, physiologischen oder medizinischen Gegebenheiten weniger berücksichtigt als die inneren Erlebnisräume und das Sein eines Menschen.

Es werden nicht nur Erkenntnisse moderner Psychologie und Gehirnforschung berücksichtigt, sondern vorrangig auch religionsübergreifende Ideen einer spirituellen Psychologie, wie sie uns vom Urchristentum und von fernöstlichen Lehren des Buddhismus und des Taoismus vermittelt werden.

Wir benötigen ein möglichst objektives, klares und von allem Hokuspokus befreites Menschenbild, damit die natürlichen Vorgänge der Degeneration, des Sterbens und der Auflösung der Persönlichkeit eines Menschen besser verstehbar werden.

Das Dargestellte sollte vom interessierten Leser durch Selbstbeobachtung und Nachdenken verifiziert werden, denn nur was wir in uns selbst verstehen können, können wir auch in anderen verstehen.

Den Beschreibungen sind, zum Zweck eines nicht nur wörtlichen, sondern auch bildlichen Verständnisses mehrere Abbildungen hinzugefügt. Diese sind absichtlich grob schematisch gehalten, damit sich der Blick für das Ganze nicht im Detail verliert.

Das Sein eines Menschen kann in mehrere von außen nach innen verlaufenden Schichten aufgeteilt werden: (Abb.2)

Die äußerste Schicht ist seine Umwelt, in welcher sein physischer Organismus mit seinen Organsystemen eingebettet ist. Die Umwelt ist sozusagen die Erweiterung seines Körpers, sie gehört zu ihm. Genetische und typologische Dispositionen zählen hier ebenfalls zu seiner Umwelt, weil er als Bewusstsein in diese hineingeboren wird.

Die nächste Schicht sind seine Sinneswahrnehmungen, durch die Eindrücke aus seiner Umwelt in sein Bewusstsein eintreten können.

Als Nächstes kommt sein Denken, das die Sinneseindrücke verarbeitet, beurteilt, filtert und zuordnet.

In der nächsttieferen Schicht befinden sich seine Emotionen, die ihn positiv oder negativ auf die empfangenen Sinneseindrücke reagieren lassen.

Dann kommt sein Lebenswille, der vorwiegend in den Trieben der Selbst- und Arterhaltung zum Ausdruck kommt.

Und die tiefste Schicht eines Menschen wird von seinem Bewusstsein gebildet. Es stellt das Erlebende und

Erleidende in einem Menschen dar, oder auch seine „Seele".

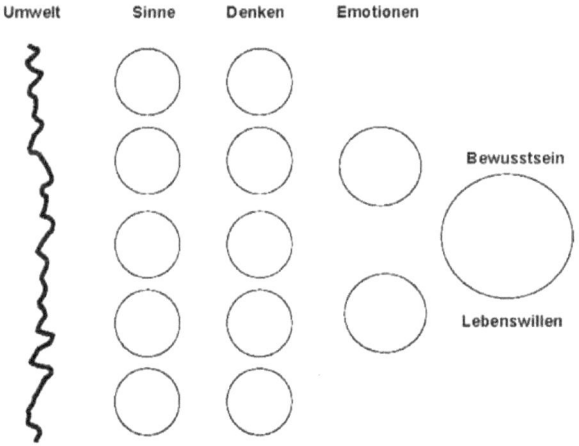

Abb. 2: Die Schichten des Menschen und die noch leere Zentren des Denkens und Fühlens.

Im Menschen können zwei Arten von Bewusstsein unterschieden werden: und zwar geformtes Bewusstsein und ungeformtes Bewusstsein.

Mit geformtem Bewusstsein bezeichnen wir gebundenes Bewusstsein. Es ist im Körper, in Trieben, in Instinkten, in Wünschen, in Gedanken, in Emotionen und in Strukturen der Persönlichkeit eingebunden oder darin verstrickt. Es hat dadurch Form angenommen und kann von dieser kaum mehr unterschieden werden.

Wann immer wir „Ich" sagen, handelt es sich um geformtes, gebundenes Bewusstsein.

Ungeformtes Bewusstsein hingegen steht außerhalb jeder Form, obwohl es alle Form durchdringt. Es gleicht eher einem Schwingungsfeld. Es kann nur in tiefer Meditation und tiefster Stille erfahren werden. Es ist nicht „Ich", es ist ewiges Sein. Es ist der göttliche Funke oder die Seele im Menschen. Weil es außerhalb jeder Form liegt, liegt es auch außerhalb der Zeit. Es ist das Dauerhafte, Beständige und Ewige im Menschen.

Der Mensch, der nur in Formen und Vorstellungen lebt, kann es nicht kennen und wird es, solange er es selbst nicht erfahren hat, auch bezweifeln, wie etwa diejenigen, die Bewusstsein lediglich als Epiphänomen ihres physischen Organismus betrachten.

Wenn Bewusstsein oder Seele aber lediglich Epiphänomene des Körpers und somit sterblich wären, dann wäre mit dem Tod des Körpers auch alles tot und alles gelöst.

Warum aber leiden wir dann? Warum können wir dann Freude empfinden? Warum schaffen wir dann Werte? Warum gibt es dann überhaupt so etwas wie Leben, wenn alles tot ist? Warum stellen wir dann überhaupt Fragen? Warum taucht dann Bewusstsein immer wieder in neuen Körpern auf, wenn sich das Ganze nicht auf einem ewigen Hintergrund abspielt?

Ungeformtes Bewusstsein kann immer nur vom einzelnen Menschen allein erfahren, und deshalb auch nicht bewiesen werden wie beispielsweise eine wissenschaftliche Erkenntnis.

Im Evangelium nach Thomas finden wir hierzu eine interessante Passage:

„Jesus spricht": „Ich werde euch das geben, was kein Auge gesehen und was kein Ohr gehört hat und was keine Hand berührt hat und was nicht in den menschlichen Sinn gekommen ist." (Logion 17 p. 36, 5-9)

Wenn wir ungeformtes Bewusstsein erfahren wollen, müssen wir es suchen. Und wenn wir es suchen, müssen wir vorerst auf diejenigen vertrauen, die es erfahren haben und uns von dessen Existenz berichten. Sonst haben wir keine Chance, es jemals selbst zu erfahren.

Der Lebenswille und das ungeformte Bewusstsein liegen außerhalb des Eigenwillens und außerhalb des intellektuellen Verstehens eines Menschen.

Der Lebenswille ist der Drang zu Sein.

Das Bewusstsein ist die organisierende Kraft, die alles Leben durchdringt, umgibt und zusammenhält.

Die Bildung der Persönlichkeit und die Folgen

Der Lebenswille ist entlang den Schichten des Menschen von innen nach außen gerichtet. Die Umwelteinflüsse fließen von außen nach innen. (In Abb. 3 durch die Pfeile dargestellt.)

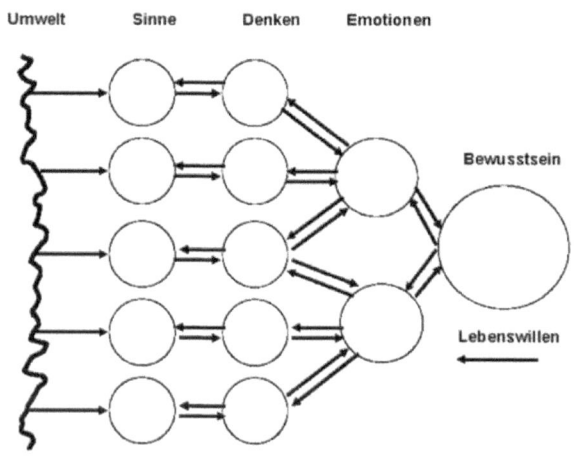

Abb. 3: Interaktion zwischen Umwelteinflüssen und Lebenswillen.

Durch die Interaktionen zwischen den nach innen fließenden Umwelteinflüssen und dem nach außen fließendem Lebenswillen bilden sich in den vorerst leeren

Zentren des Denkens und Fühlens unterschiedliche Muster des Denkens, des Fühlens und des Handelns, die sich untereinander verbinden.

Die Bildung der Muster des Denkens, Fühlens und Handelns geschieht anfänglich vollkommen mechanisch und ohne persönliches Zutun. Diese mechanisch und oft durch Nachahmung gebildeten Muster bestimmen unser Denken, unser Fühlen, unser Erleben, unsere Reaktionen auf bestimmte Dinge, unsere Meinungen und unser Rollenverhalten, welche allesamt ebenfalls mechanisch ablaufen.

Bei späteren, bewussten, mit Anstrengungen verbundenen, Lernprozessen bilden sich ebenfalls bestimmte Muster, die aber letztendlich durch ständiges Wiederholen ebenfalls mechanisiert werden.

In ihrer Gesamtheit bilden diese mechanisch geprägten Muster und Rollen die Persönlichkeit eines Menschen.

Jedes einzelne Muster, jede Reaktionsweise oder Rolle kann in sich mehr oder weniger eingebundene Bewusstseinsanteile enthalten, wodurch es zu einer Identifikation des Bewusstseins mit den entsprechenden Mustern oder Rollen der Persönlichkeit kommt. Der Mensch beginnt dann seine Persönlichkeit für sein „Ich" oder für sein „Selbst" zu halten, obwohl sie lediglich ein aus mechanisch gebildeten Bewältigungsstrategien geformter Anpassungsautomat ist.

Die Identifikationen des ursprünglich leeren und ungeformten Bewusstseins mit der Persönlichkeit werden in spirituellen Lehren als „Sündenfall" oder auch als „Verstrickung" bezeichnet, weil das ursprünglich göttliche, formlose Bewusstsein durch diesen Vorgang von seiner wahren Natur „fällt" und in den Mustern und Rollen der Persönlichkeit gebunden und „verstrickt" wird.

Ist erst mal die Identifikation mit einem Muster oder einer Rolle vollzogen, nennt der Mensch dieses Muster oder diese Rolle „Ich". Dann beginnt er zu wähnen, wer oder was er ist: „Ich bin Frau / Herr soundso", „gut", „schlecht", „schön", „hässlich", „dieses oder jenes", usw. Auf diese Weise entsteht der Wahn von einem „Ich", der den Menschen oft bis zu seinem Tod begleitet.

Und weil durch unterschiedliche Umwelteinflüsse auch unterschiedliche Gefühls- oder Denkmuster angestoßen und aktiviert werden, nennt er das jeweils im Vordergrund stehende aktive Muster „Ich". Die passiv gewordenen und in den Hintergrund getretenen Muster verliert er aus seinem Gesichtsfeld.

So kann ein Mensch im Laufe eines Tages mehrmals seine Rollen wechseln, wie ein Chamäleon seine

Farben wechselt, ohne dass er dies bemerkt. Vielleicht bezeichnet er diesen Wechsel als Änderung seiner „Stimmung" oder seines "Gemütszustandes" usw. Aber dass sein „Ich" sich gewandelt hat, bemerkt er nicht, und er glaubt weiterhin sein „Ich" sei eine beständige Einheit. Auf diese Weise wird der Mensch, ohne es zu bemerken, Sklave seiner vom Leben angelegten mechanischen Muster und Rollen.

Man beachte, dass wir hier vom „normalen" und nicht vom „kranken" Menschen sprechen. Aber wir werden später sehen, dass sich der „normale" Mensch in dieser Hinsicht nicht wesentlich, sondern lediglich graduell vom „kranken" Menschen unterscheidet.

Allein das Eingeständnis das bewusste Betrachten der Tatsache, dass der Mensch Sklave seiner vom Leben angelegten mechanischen Muster, Rollen und Bewältigungsstrategien ist, kann ihn ein Stück freier machen.

Denn durch die bewusste Betrachtung seiner wirklichen Situation stellt sich das Bewusstsein einem gegebenen Muster oder einer gegebenen Rolle gegenüber. Der Bewusstseinsteil, der einem Muster oder einer Rolle gegenübertritt, ist leer oder frei.

Durch die innere Anstrengung, ein Persönlichkeitsmuster oder eine Rolle im leeren Bewusstsein widerzuspiegeln, wird der Schwerpunkt eines Menschen vorübergehend aus den Persönlichkeitsmustern herausgezogen und in das leere Bewusstsein verlagert, wodurch auch die Identifikation mit einem gegebenen Muster vorübergehend unterbrochen wird. Und solange ein Mensch diesen Zustand der Nicht-Identifikation aufrechterhalten kann, solange ist er frei. Er kann dann entscheiden, ob er einem bestimmten Denkmuster oder einer Emotion folgen will oder nicht. Anderenfalls bleibt er Sklave physiologischer und psychologischer Mechanismen, eben ein biologischer Automat. In spiritueller Hinsicht bedeutet Freiheit nämlich nicht, tun zu können, was immer man will, sondern dass das Bewusstsein frei von Identifikationen mit jedweder Form, Muster oder Rolle ist.

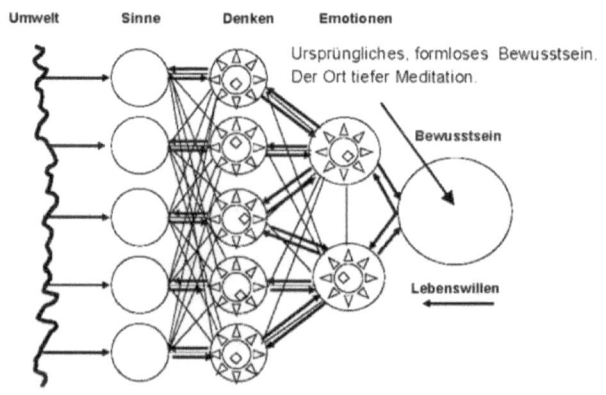

Abb. 4. Durch Interaktion gebildete Muster in den Zentren des Denkens und Fühlens. Die kleinen weißen Quadrate stellen Bewusstseinsanteile der einzelnen Muster dar.

Zugegebenermaßen ist ein Zustand der Freiheit des Bewusstseins für einen Menschen nur möglich, wenn er sich sehr lange oder gar ein Leben lang in der Kunst des unparteilichen Betrachtens und der Meditation (= stilles Verweilen im inhaltlosen Bewusstsein.) geübt hat.

Zu diesem Zweck muss sich der Mensch nach innen wenden, weg von der Persönlichkeit und hin zum leeren, ungeformten Bewusstsein, wo er seine wahre innere Freiheit finden kann.

Jede einzelne Rolle innerhalb der Persönlichkeit besteht aus vielen kleineren Rollen, Denkmustern und emotionalen Mustern, welche durch Eindrücke aus der Umwelt in Gang gesetzt werden können. (Abb.5)

Die Ingangsetzung und Aktivierung eines kleinen Denkmusters kann durch minimalste Eindrücke ausgelöst werden und dann durch eine Art Kettenreaktion eine größere Rolle auf den Plan rufen.

So kann beispielsweise ein einziges Wort, ein Geruch, ein Geräusch, ein Blick usw. genügen, um eine ganze Kaskade ineinandergreifender Muster des Denkens und Fühlens auszulösen, in der sich das Bewusstsein verliert und beschränkt wird.

Dieser Vorgang entzieht sich meist unserer Wahrnehmung, weshalb wir unser Befangen- und Gefangensein in einem Muster oder in einer Rolle gar nicht als Einschränkung unseres Bewusstseins und unserer Freiheit erkennen können.

Vielmehr sind wir fest davon überzeugt, dass wir alles im Blick und unter Kontrolle hätten, und, dass die aus einem oder mehreren Mustern mechanisch resultierenden Handlungen unsere eigenen, gewollten Entscheidungen seien.

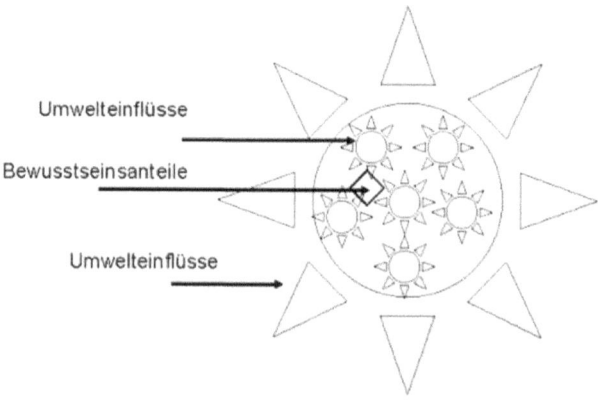

Abb. 5: Einzelne durch Umwelteinflüsse angetriebene Rolle mit eingebundenen Bewusstseinsanteilen

Bestimmte Muster oder Prägungen kristallisieren sich im Laufe des Lebens als unsere Hauptrollen heraus und bilden unsere typischen Persönlichkeitsmerkmale.

Sind diese Hauptrollen mit Mustern wie Eitelkeit, Stolz, überhöhte Selbstwertschätzung usw. behaftet, gibt es für das mit diesen Hauptrollen identifizierte Bewusstsein kaum ein Entrinnen mehr.

Es sitzt dann wie in einem ausgeschmückten, goldenen Käfig, den es „Ich" nennt, mit der Folge, dass es durch diesen Käfig die Wirklichkeit nur noch verzerrt und entstellt wahrnehmen kann. Diesem goldenen Käfig bleibt es oft ein Leben lang, bis zum Tod verhaftet.

In spiritueller Hinsicht ist dies ein Zustand der „Verblendung", wodurch der Mensch daran gehindert wird, seine Sterblichkeit und seine wirkliche, oft schreckliche, Situation des inneren Elends, zu erkennen.

Er sieht dann zwar, dass andere Menschen sterben, aber die Unumgänglichkeit seines eigenen Todes erscheint ihm, wenn überhaupt, allerhöchstens als vager, flüchtiger Gedanke am äußersten Rand seines Intellekts, was ihn auch nicht sonderlich stört oder berührt. Er lebt dann wie gewohnt mit einem eingeschränkten Gesichtsfeld und in einer Art unbemerktem Seelendünkel sein Leben weiter, als wäre er unsterblich.

Um diesem inneren Seelendünkel zu entfliehen, raten uns die Urväter des Christentums in der Philokalia, uns immer wieder unserer Sterblichkeit und unseres bevorstehenden Todes zu erinnern.

Die einzelnen Muster und Rollen der Persönlichkeit werden durch die eingebundenen Bewusstseinsanteile beseelt und machen beschränkt „intelligentes" und „autonomes" Handeln im Sinne von Eigeninteressen möglich.

Das in den Mustern oder Rollen eingebundene Bewusstsein ist immer auf die Eigeninteressen der entsprechenden Rolle beschränkt und niemals umfassend, weshalb es innerhalb der Persönlichkeitskultur unserer Gesellschaft so viele verschiedene, oft gegensätzliche Interessengemeinschaften gibt, die sich gegenseitig bekämpfen und manchmal sogar auch vernichten.

Die Persönlichkeit und die Persönlichkeitskultur

Alle im Leben erworbenen Verhaltensmuster, Rollen und Fähigkeiten machen die Persönlichkeit eines Menschen aus. Die Persönlichkeit ist ein notwendiger Anpassungsmechanismus an die Umwelt und an das soziale Umfeld. Außerdem ist sie als Filterstation zwischen Umwelteinflüsse und Bewusstsein geschaltet, wodurch Sinneseindrücke nur zensiert und verzerrt zum Bewusstsein gelangen.

Durch die in der Persönlichkeit verankerten Verhaltensmuster und Rollen tritt sie in Interaktion mit ihrer Umgebung. Und je mehr Muster, Rollen und Fähigkeiten sie durch Lernprozesse im Laufe des Lebens erworben hat, umso vielseitiger und anpassungsfähiger ist sie.

Im Normalfall sind verschiedene, gegensätzliche Verhaltensmuster und Rollen miteinander verbunden und üben einen gegenseitig hemmenden Einfluss aufeinander aus, sodass beispielsweise moralische Instanzen unmoralische Tendenzen hemmen können und so ein relativ harmonisches Leben in einem sozialen Umfeld möglich machen.

Ist die Verbindung zwischen den gegensätzlichen Mustern gestört oder gar kein gegensätzliches Muster vorhanden, kann ein gerade aktives Muster hemmungslos agieren und den gesamten Anpassungsapparat Persönlichkeit aus dem Gleichgewicht bringen. Ein solches Ungleichgewicht zwischen gegensätzlichen Mustern reicht, je nach den betroffenen Mustern, von fast unauffälligen Verhaltensanomalitäten bis hin zu Schwerstverbrechen.

Eine andere Ursache für ein Ungleichgewicht in der Persönlichkeit sind unsere Hauptrollen und Hauptverhaltensmuster, welche sich durch ständige Identifikation des Bewusstseins mit ihnen untereinander verbinden und zu einer Art Scheinidentität unserer Selbst werden. Diese Scheinidentität, die wir „Ich" nennen, lässt uns dann glauben, zu wissen wer oder was wir sind.

Die Scheinidentität beinhaltet meist genügend moralische Instanzen, um ein vorwiegend reibungsloses Leben in unserem sozialen Umfeld zu gewährleisten. Und weil unser soziales Umfeld ebenfalls von Persönlichkeitsscheinidentitäten besiedelt ist, erfahren wir hier jegliche Unterstützung, unser, wenn auch falsches, geliebtes und fürsorglich gehegtes Selbstbild aufrechtzuerhalten. Dennoch auftretende Unpässlichkeiten lernen wir für uns selbst zu rechtfertigen, auszublenden oder anderen dafür die Schuld zuzuweisen.

Auf diese Weise entstehen eine Persönlichkeitskultur, ein soziales Wertesystem und Netzwerk, in das wir meist bis ans Ende unserer Tage eingebettet bleiben. Ein Wertesystem, welches den Menschen von seinem wirklichen Wesen, das in seinem ungeformten Bewusstsein liegt, trennt und den Schwerpunkt seines Daseins in die Persönlichkeit verlegt.

Der in die Persönlichkeit verlagerte Schwerpunkt wird nun zum Gravitationsfeld, das dem Bewusstsein und dem Lebenswillen die Kraft entzieht, um sie für persönliche Interessen nutzbar zu machen.

Dann rücken Eigeninteressen, Stolz, Eitelkeit, Eifersucht, Neid, Habgier und der Wunsch nach Anerkennung, Ruhm und Ehre usw., im Leben eines Menschen, in den Vordergrund. Innerhalb der Persönlichkeitskultur werden diese Eigenschaften als „normal" bezeichnet und allgemein anerkannt, obwohl sie eher zur Tierwelt als zum wirklichen Menschen gehören. Das Wissen um die eigene Sterblichkeit wird dabei vollständig ausgeblendet oder erreicht, wie bereits erwähnt, lediglich als kurzfristiger, flüchtiger Gedanke die äußersten Schichten des Denkens, ohne den Menschen in seinem innersten Wesen zu berühren.

Religion, im Sinne von Rückverbindung zum eigenen Ursprung und wahren Wesen, wird dann entweder zur

Sonntagsreligion, zum Aushängeschild für persönliche Interessen oder ganz und gar als Mumpitz abgetan.

Auf diese Weise ist aus dem Persönlichkeitskult eine künstliche Glitzer- und Glamourwelt mit ihren vorübergehenden Freuden, Glücksgefühlen, Enttäuschungen, Sorgen und Nöten hervorgegangen, welche für die Persönlichkeit die einzige und alleinige Realität darstellt.

So werden die in der Persönlichkeit verankerten Bewusstseinsteile vollständig von deren Ursprung abgespalten und es entsteht eine Person, die von der eigenen Natur und von ihrem Ursprung getrennt ist. Siehe (Abb. 6)

Eine Tragödie, die fast allen Menschen unbemerkt widerfährt!

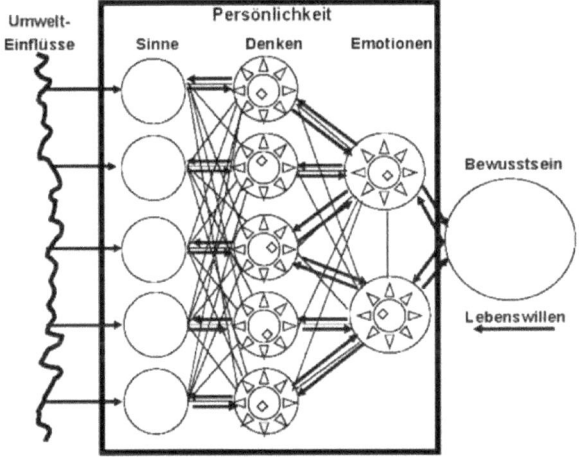

Abb. 6: Die Persönlichkeit als autonome Funktionsein-heit, die den Menschen von seinem innersten Wesen, dem ursprünglich formlosen Bewusstsein trennt.

Innerhalb der Persönlichkeit verbraucht sich dann das ursprüngliche Wesen, das Bewusstsein, der Lebens-wille und die Lebensenergie eines Menschen in einer Welt der Täuschungen und Enttäuschungen mit immer wieder neu aufflackernder Hoffnung auf ein besseres „Morgen". Aber das „Morgen" wird nicht anders als das „Heute" sein. Es wird voll von neuen Täuschungen und Enttäuschungen sein – bis die Lebensenergie voll-ständig aufgebraucht ist, versiegt, und der Mensch stirbt.

Die Persönlichkeit und der physische Organismus eines Menschen sollten Werkzeuge sein, nicht mehr und nicht weniger, und wir sollten sie, als solche, auch pflegen und solange wie möglich instandhalten. Aber sie werden trotzdem, früher oder später, der Abnutzung und dem Verfall unterliegen. Deshalb sollte uns immer wieder klar sein: Der physische Organismus und die Persönlichkeit sind vorübergehende Erscheinungen. Sie sind STERBLICH und dem Untergang geweiht!

Durch die Identifikation des Bewusstseins mit dem physischen Organismus und der Persönlichkeit wird das ursprüngliche Wesen des Menschen, das heißt, der Mensch selbst zum Werkzeug und damit dem Verfall unterworfen

Wenn dann der Verfall des Organismus und der Persönlichkeit unumkehrbar eingesetzt hat, verfällt auch der Mensch als Persönlichkeit und stirbt. Und wenn der Verfallsprozess, wie so oft, nur langsam vor sich geht und die einzelnen Verhaltensmuster und Rollen der Persönlichkeit nur nach und nach verfallen und sterben, wird der Mensch dement und stirbt in geistiger Umnachtung einen oft menschenunwürdigen Tod. Die Persönlichkeitskultur und die Identifikation mit der Persönlichkeit halten den Menschen in einer Art hypnotischen Schlafzustand. Und, wenn er nicht rechtzeitig umkehrt, das heißt, aus seinem Schlaf erwacht, die Identifikation mit der Persönlichkeit bricht und seinen Schwerpunkt ins ungeformte Bewusstsein verlegt, wird seine Umkehr überfällig.

Wenn er nämlich nicht umkehrt, bevor er seine kognitiven Fähigkeiten verloren hat, wird es für ihn keine Umkehr mehr geben. Dann wird er nicht nur sein gesamtes Leben in einer Art Halbschlaf verbringen, er wird dann auch als ein fragmentiertes Wesen in einer Art Dämmerzustand sterben und untergehen.

Rechtzeitige Umkehr heißt also, umzukehren, solange die kognitiven Fähigkeiten eines Menschen noch vollständig intakt sind. Denn ohne Erkenntnis seiner wirklichen Situation gibt es kein Erwachen, ohne Erwachen keine Auflösung der Identifikation mit der Persönlichkeit und ohne Auflösung der Identifikation kein Verlagern des Schwerpunktes in das ursprüngliche, ungeformte Bewusstsein, dem wahren Wesen des Menschen.

Solange ein Mensch mit seiner Persönlichkeit identifiziert ist und sich dadurch in einer Art Traum- oder Schlafzustand befindet, kann er, ähnlich wie bei einem nächtlichen Traum, nur durch etwas Erschreckendes erwachen.

 Solch ein Schreckmoment kann zum Beispiel die Erkenntnis seiner wirklichen Situation, eine unheilbare Krankheit oder auch der Tod von Nahestehenden sein.

Wenn ein Mensch zu der Erkenntnis gelangt, dass er Sklave seiner, in der Persönlichkeit angelegten, Verhaltensmuster und Rollen ist und diese Erkenntnis nicht nur in seinem Denken, sondern gleichzeitig auch in seinem Fühlen stattfindet, wird er erschrecken.

Ein solcher Schreck kann ihn, wenn auch nur kurzfristig, aus seinem Traum- oder Schlafzustand erwachen lassen.

Ebenso kann ihn die Erkenntnis und Bewusstwerdung seiner eigenen Sterblichkeit aufschrecken lassen und das Verlangen nach etwas Bleibendem in ihm erwecken.

Dieses bleibende und dauerhafte Etwas in ihm ist sein ursprüngliches, ungeformtes Bewusstsein, ein Etwas das einem Spiegel gleicht, der alles, was vor ihn tritt, widerspiegelt, aber sich selbst immer gleichbleibt. Es ist das, was wir „die unsterbliche Seele des Menschen" nennen.

Weil der Mensch aber schwach ist und die beschriebenen Schreckerlebnisse oder Schocks, dem Prinzip der Trägheit folgend, nur eine sehr kurzfristige Wirkung zeigen, fällt er alsbald wieder unbemerkt in seinen gewohnten alltäglichen Traum- und Schlafzustand zurück. Deshalb muss er sich immer wieder und so oft er kann seines hilflosen Ausgeliefertseins an den Lebensstrom, seiner Sterblichkeit und nicht zuletzt auch seines Sklaventums in den Klauen seiner Persönlichkeitsstruktur ERINNERN.

Während dieses Erinnerns sollte er aber beachten, dass es neben einem eventuellen kurzfristigen Erwachen aus seinem Alltagsschlaf auch zur Aktivierung negativer Verhaltensmuster seiner Persönlichkeitsstruktur kommen kann. Dadurch wird sein alltäglicher Traum- und Schlafzustand möglicherweise von inneren oder äußeren Klagen, Selbstmitleid, Resignation oder sogar depressiven Zuständen gefärbt.

Dem kann er oft nur durch unparteiliche Beobachtung des Geschehens, geduldiges Abwarten und Rückbesinnung auf sein leeres, ungeformtes Bewusstsein abhelfen.

Sporadisches kurzfristiges Erwachen reicht eben nicht aus, um den Schwerpunkt eines Menschen in das ungeformte Bewusstsein zu verlagern und dort zu verankern. Er muss immer und immer wieder bewusste Anstrengungen machen, um dies zu erreichen.

Zu solchen bewussten Anstrengungen gehören beispielsweise das unparteiliche Beobachten unserer mechanischen Verhaltensmuster und Rollen, das Erkennen und Empfinden unserer wirklichen Situation als vorübergehende Erscheinungen, unserer Hilflosigkeit und unseres Ausgeliefertseins an den Lebensstrom. Auch die Erinnerung daran, wie andere Menschen

55

gestorben sind, die Vorstellung unseres eigenen Sterbens und die Ausrichtung unserer Aufmerksamkeit auf die innere Leere des Bewusstseins gehören dazu.

Wann immer wir vor einem Spiegel stehen, können wir uns in die Augen sehen und bedenken, dass da eine vorübergehende, dem Untergang geweihte Form des Lebens vor uns steht und der Spiegel eines Tages leer sein wird.

All das kann uns von den Blendwerken der Persönlichkeitskultur, wie Identifikationen, Selbstverherrlichung, Eitelkeit, Stolz, Besitz- und Machtgier usw. befreien. Es kann uns bescheidener machen, die verhärteten Strukturen der Persönlichkeit auflockern und für etwas Größeres durchlässig machen, sodass sich die in der Persönlichkeit verfangenen Bewusstseinsanteile zu ihrem Ursprung rückverbinden können.

Dann wird sich unser Schwerpunkt zurück in das ungeformte Bewusstsein verlagern und dort verankern. Unser Leben und unsere Welt werden sich dann nicht mehr um die Persönlichkeit und unser sogenanntes „Ich" drehen, sondern um unseren innersten Wesenskern, dem Bewusstsein oder unserer inneren Sonne. Genauso wie sich die Planeten unseres Planetensystems um die Sonne drehen und nicht die Sonne um die Planeten.

Wir werden das frühere geozentrische Weltbild nicht

nur in wissenschaftlicher, sondern auch in psychologischer Hinsicht überwunden haben – und alles wird an seinen richtigen Platz gerückt.

Die Persönlichkeit wird nicht mehr der Mittelpunkt der Welt sein. Es kommt zu einer Umkehr der Verhältnisse. Die Persönlichkeit wird nicht mehr der bestimmende Faktor unseres Handelns sein, sondern wird zum Werkzeug des Ausdrucks.

Güte, Respekt und Wohlwollen anderen Wesen gegenüber werden nicht mehr von anerzogener Furcht vor Strafe und den Verhaltensmustern unserer moralischen Erziehung bestimmt, sondern allein von der Erkenntnis, dass wir alle den gleichen Ursprung haben, aus dem gleichen Stoff gemacht sind und hinsichtlich unserer Sterblichkeit dem gleichen Schicksal unterworfen sind. Wir werden wissen, dass wir uns nicht selbst erschaffen haben, und wenn wir sterben, geben wir lediglich das zurück, was uns ohnehin nie gehörte.

Die Filterung von Eindrücken und die drei Welten

Die in der Persönlichkeit angelegten Denk-, Fühl- und Handlungsmuster sind nicht nur Werkzeuge, durch die sich der nach außen strömendem Lebenswillen zum Ausdruck bringt. Sie sind auch Filterstationen für die nach innen strömenden Sinnesreizen und Schutzschilde gegen Eindrücke, die unsere Persönlichkeitsstruktur zerstören könnten.

Wir sind unaufhörlich einer überwältigenden Flut von Reizen ausgesetzt. Ununterbrochen, bewusst oder unbewusst, strömen sie über die Sinnesorgane in uns ein und hinterlassen Eindrücke in unseren Zentren des Denkens und Fühlens. Die Eindrücke und die daraus entstandenen Assoziationsmuster werden von einer Art innerem Sinn wahrgenommen und bilden die Inhalte unseres ursprünglich leeren Bewusstseins.

Der Einstrom von Sinnesreizen liefert, ähnlich wie ein elektrischer Strom, den Treibstoff für die in uns angelegten Denk-, Fühl- und Handlungsmuster.

Wie weit ein Reiz oder Eindruck in die Persönlichkeit eindringt oder sie sogar durchdringt, ist von der Stärke des Reizes selbst und von der Empfänglichkeit einzelner Muster für bestimmte Reize abhängig.

Manche Reize erreichen lediglich unsere Sinne (Abb.7, R1). Andere erreichen unser Denken, wo sie entsprechende Assoziationsmuster anstoßen, und bei bestimmter Intensität erreichen diese Assoziationsmuster auch unser Fühlen, wodurch emotionale Reaktionen ausgelöst werden (R2). Und manche Sinneseindrücke treffen direkt auf emotionale Muster und lösen eine sofortige Reaktion aus (R3). Eine Ausnahme bilden Eindrücke, die direkt auf unser Wesen oder Bewusstsein treffen (R4). Dies sind Ereignisse oder Erlebnisse, welche durch einen Überwältigungscharakter gekennzeichnet sind. Hierzu gehören Nahtoderfahrungen, schockierende Ereignisse, welche die gesamte Persönlichkeit vorübergehend lahmlegen, religiöse Erfahrungen, Erfahrungen der Ekstase und Erfahrungen in tiefer Meditation.

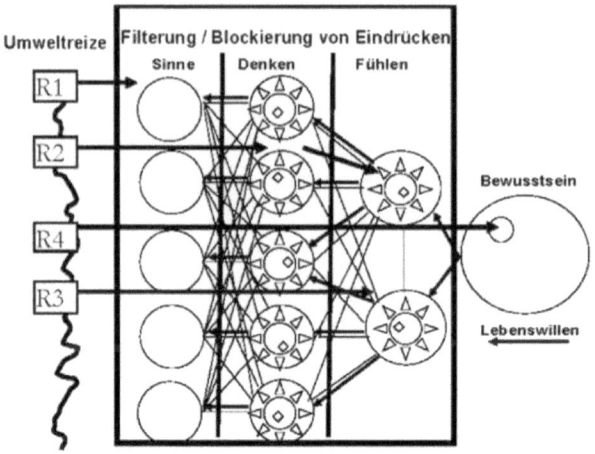

Abb. 7: Die Persönlichkeit als Filterstation für einströmende Sinneseindrücke.

Innerhalb der Persönlichkeit werden wiederholte Eindrücke nach ihrer Ähnlichkeit sortiert und in schon vorhandene Assoziationsmuster mit ähnlichen Eindrücken abgelegt. So kommt es zur Ausprägung von vorherrschenden Denk-, Empfindungs-, Reaktions- und Handlungsmustern.

Die vorherrschenden Muster vereinigen sich schließlich innerhalb der Persönlichkeit zu unseren Hauptrollen, in welchen dann durch Identifikation unser sogenanntes „Ich" Platz nimmt.

Durch die Vorherrschaft bestimmter Denk-, Empfindungs- und Reaktionsmuster werden unpassende Sinneseindrücke und mögliche direkte Bewusstseinswahrnehmungen in den Hintergrund gedrängt oder vollständig von unserem „Ich"-Bewusstsein ausgeschlossen.

Hinzu kommt die Tatsache, dass unsere Sinne lediglich für eine begrenzte Bandbreite von Reizen empfänglich sind, weshalb sehr viele Dinge außerhalb unserer sinnlichen Wahrnehmung und damit auch außerhalb unseres Bewusstseins liegen.

So entstehen für den Menschen drei verschiedene Welten:

Die Welt des „Wachbewusstseins".

Die Halbbewusste Zwischenwelt.

Die Welt des Unbekannten und Unfassbaren.

Die Welt des „Wachbewusstseins"

Die Inhalte dieser Welt werden von unseren vorherrschenden Assoziationsmustern und Rollen der Persönlichkeit gebildet, welche die einströmenden Reize und Eindrücke filtern und abändern oder auch blockieren, sodass sie für uns akzeptabel oder zumindest tolerierbar werden.

Auf diese Weise entsteht für den Menschen eine verzerrte subjektive Welt. Diese stellt unsere alleinige „Wirklichkeit" dar, hat aber mit der wirklich objektiven Welt nicht mehr viel zu tun.

Die in dieser subjektiven „Welt" befangenen Bewusstseinsanteile nennen wir „Ich".

Und weil diese verzerrte subjektive „Welt" immer wieder mit Inhalten aus der wirklichen Welt kollidiert, stellen diese Kollisionen für unser „Ich" eine ständige Bedrohung dar.

Da aber diese ständigen Bedrohungen für uns ebenfalls kaum tolerabel sind, werden auch diese von der Persönlichkeit gefiltert, abgeändert oder blockiert, sodass wir sie gar nicht mehr als Bedrohung wahrnehmen.

Durch die ebenfalls unbemerkte und andauernde Abwehrhaltung, gegen diese unliebsamen Eindrücke aus der wirklichen Welt sind wir einer chronischen inneren

Anspannung ausgesetzt, die wir bewusst oder unbewusst zu lösen suchen. Das führt zu einem ständigen inneren Getriebensein. Dies wiederum führt zu Selbstrechtfertigungen mit inneren Selbstgesprächen, zu Gedanken die sich immer wieder im Kreis drehen, aber auch zu dem Wunsch nach Selbstdarstellung, um von anderen einen Rückhalt für unser bedrohtes „Ich" zu erhalten.

Und weil wir nichts anderes als die Persönlichkeitskultur kennen, suchen wir hier, in den anerkannten und vorgegebenen äußeren Werten, nach Lösungen für unser inneres Getriebensein.

Dazu gehören der Wunsch nach Anerkennung, Karriere, Macht, Besitz, Reichtum, Ruhm und Ehre, die Mitgliedschaften und Aktivitäten in Vereinen, Interessengemeinschaften und politischen Parteien, die Suche nach immer neuen aufregenden Sinneseindrücken, Fitness- und Anti-Aging-Trends, Lifestylebewegungen, Leistungssport oder einfach auch gemütliches Beisammensein mit Gleichgesinnten usw.

So besteht fast unsere gesamte „wachbewusste" Welt, um es in der Sprache Gurdjieffs auszudrücken, aus „Puffern", welche die unliebsamen Kollisionen mit der Wirklichkeit abmildern sollen.

Die Strategien zur Aufrechterhaltung dieser subjektiven „Welt" der Persönlichkeit und das ständige

Festhalten an unserem sogenannten „Ich" lassen um die Hauptrollen und Muster unserer Persönlichkeit eine Art Panzerung entstehen, die uns im Laufe der Zeit innerlich verhärten lässt und unbeugsam macht.

Diese Unbeugsamkeit und Härte nennen wir dann fälschlicherweise „Selbstbewusstsein", „starke Persönlichkeit" oder „starken Willen", während wir in Wirklichkeit nur starr- und stumpfsinnig geworden und von unserer wahren Wesensnatur abgetrennt worden sind.

Weil der Großteil unserer gesamten Lebensenergie für die Filterung von Eindrücken und für die Aufrechterhaltung unserer Schutzschilde aufgewendet wird, während der Rest nach außen fließt und sich in Aktivitäten unseres Privat- und Berufslebens verbraucht, bleibt unser innerstes Wesen auf der Strecke und verkümmert. Das ist das Innere Elend einer Persönlichkeitskultur!

In der „wachbewussten Welt" befindet sich der Schwerpunkt eines Menschen innerhalb seiner Persönlichkeit entweder mehr in körperlichen Aktivitäten, mehr im Denken oder mehr im Fühlen, was die verschiedenen Persönlichkeitstypen und Berufssparten innerhalb der Persönlichkeitskultur hervorbringt.

So bildet sich eine Rangweite von Berufsgruppen, welche vom einfachen Arbeiter bis zum hochbegabten Wissenschaftler oder Künstler reicht.

Ebenso gibt es eine von der Stärke der Persönlichkeitsstruktur und Panzerung abhängige Rangweite unterschiedlicher Persönlichkeiten. Hier finden wir in den unteren Bereichen schwache, labile, oft mit Opferrollen besetzte Charaktere, in den mittleren Bereichen meist Kleinunternehmer und Mitläufer und in den oberen Bereichen die sogenannten „starken Persönlichkeiten". Führungspersönlichkeiten, Charismatiker, Benefizveranstalter, Staatsmänner, Großunternehmer, skrupellose Lobbyisten, aber auch diktatorische Machthaber und Kriegsführer, die ohne den geringsten Gewissensbiss die eigene Art abschlachten können.

Was immer wir innerhalb unserer „wachbewussten Welt" und innerhalb der Persönlichkeitskultur auch sein mögen oder zu sein vorgeben und glauben, der letzte Prüfstein wird unser Sterbeprozess und der Untergang der Persönlichkeit sein.

Denn während unseres Sterbeprozesses wird sich unsere Persönlichkeitsstruktur, mit der wir ein Leben lang identifiziert waren und die wir für unser „Ich" hielten, auflösen. Die zuvor in der Persönlichkeit gebundenen Bewusstseinsanteile werden frei. Und wenn wir nichts anderes als die Identifikation mit der Persönlichkeit kennen, werden wir nicht wissen, wohin wir uns wenden sollen. Wir werden in Panik geraten und uns sogar an die nicht mehr funktionsfähigen Teile der Persönlichkeit klammern, weil wir nichts anderes mehr haben, an dem wir uns festhalten könnten.

Hier wird es darauf ankommen, inwieweit wir im Laufe unseres Lebens einen Schwerpunkt im Zentrum unseres ursprünglich leeren Bewusstseins geschaffen haben, einen Ort, der für die freiwerdenden Bewusstseinsanteile als Gravitationsfeld dient, einen Ort, an dem wir unsere Zuflucht finden können, wenn unser physischer Organismus und unsere Persönlichkeit zugrunde gehen.

Die halbbewusste Zwischenwelt

Wir wollen diese Welt „Zwischenwelt" nennen, weil sie zwischen der Welt des „Wachbewusstseins" und der Welt des Unbekannten und Unfassbaren, oder auch zwischen dem „Ich"-Bewusstsein der Persönlichkeit und dem Tod liegt.

„Halbbewusst" nennen wir diese Zwischenwelt, weil sie den Rand unseres „Wachbewusstseins" berührt und ihre Inhalte hin und wieder die Schwachstellen der Schutzschilde unserer Persönlichkeit durchbrechen und uns, wenn wir nicht gerade eine Rechtfertigung parat haben, beschämen, erschrecken oder sich auch nebulös in unseren Träumen zeigen können.

Die halbbewusste Zwischenwelt des Menschen wird allein durch den beschränkten und abgegrenzten Bewusstseinsradius unseres von Schutzschilden umgebenen „Ich"-Bewusstseins in unserer „wachbewussten" Welt geschaffen. Sie besteht aus allen in den Hintergrund gedrängten, „unpassenden" Mustern des Denkens und Fühlens als auch aus Neigungen, tierischen Instinkten und Trieben der Selbst- und Arterhaltung.

Ebenso liegt in dem von unserem „Ich"-Bewusstsein am weitest entfernten Teil dieser Zwischenwelt auch unser wirkliches Gewissen begraben, welches aus der inneren Gewissheit hervorgeht, dass das, was wir einem Anderen antun, wir gleichzeitig auch uns selbst antun, da wir aus dem gleichen Ursprung hervorgegangen und aus dem gleichen Stoff gemacht sind. Das wirkliche Gewissen hat nichts mit unserem anerzogenen Moralkodex, der Teil der Persönlichkeit ist, zu tun. Die halbbewusste Zwischenwelt ist ebenso ein Teil des Menschen wie seine „wachbewusste" Welt. Und wenn wir das mit in Betracht ziehen, sind wir in gewisser Weise nur Halbmenschen, nämlich halb Tier, halb Mensch. Oder vielleicht auch mehr Tier als Mensch? Und weil ausnahmslos alle Schutzschilde der Persönlichkeit irgendwann oder irgendwo Schwächen aufweisen, können wir immer wieder beobachten, wie, nach außen hin, aalglatte, hoch geachtete Persönlichkeiten und sogenannte „Saubermänner" sich emotional wie Tiere oder Kleinkinder benehmen oder, schlimmer noch, sich in ihren heimlichen Hinterzimmern, durch Korruption, Betrug, sexuelle Übergriffe, Missbrauch, Vergewaltigung oder Anzetteln von Kriegen usw. als „Menschen" die Hände schmutzig machen.

Ein ganz anderer Prozess, der die Persönlichkeitsstruktur mit ihren Schutzschilden zerstört und einen Menschen mehr und mehr zum Tier werden lassen kann, ist das Sterben eines langsamen, nach und nach Todes, wie wir es bei der immer häufiger auftretenden

Demenz alternder Menschen beobachten können. Dabei lösen sich die Strukturen und Schutzschilde der Persönlichkeit, die das „Ich"-Bewusstsein abgrenzen und dem Menschen seine sogenannte „Identität" geben, nach und nach auf.

Während dieses Prozesses kann ein Mensch seine „Identität", seine Integrität und seine Autonomie vollständig verlieren.

Das Sterben oder der Untergang seiner Persönlichkeit kann seine „andere Hälfte" soweit in den Vordergrund treten lassen, dass er auf die entwicklungsgeschichtliche Stufe eines Kleinkindes oder Säuglings zurückfällt oder dass er sogar sein „Menschsein" verlieren und auf die Entwicklungsstufe eines Tieres zurückfallen kann. Er kann sogar unter die Stufe eines Tieres fallen, wenn wir bedenken, dass Tiere, durch ihre instinktiven Funktionen, ein ihrer Natur entsprechendes, geregeltes und angepasstes Leben führen können, was der an Demenz erkrankte Mensch aber nicht mehr kann.

Auf den Stufen der fortgeschrittenen Demenz finden wir meist in geschlossenen Stationen untergebrachte „Menschen", die zum Beispiel ihre Sprache verloren haben und nur noch an Tierschreie erinnernde Laute von sich geben, die mit ihren bloßen Händen aus den Tellern anderer oder aus Abfalleimern essen, die sich ihr Gesicht mit dem Wasser aus Toilettenschüsseln waschen, die auf den Tisch spucken und ihre Spucke dort verreiben, die ihre Notdurft gerade da verrichten, wo sie gehen oder stehen, die ihre Fäkalien in ihren Händen umhertragen und anderen anbieten, die sich und ihre Umgebung mit Kot beschmieren, die gegen Wände oder geschlossene Türen laufen und sich selbst verletzen, die mit Gurten am Stuhl oder Bett fixiert werden müssen, um Selbstverletzungen zu vermeiden, die Seife, Blumengestecke, Servietten, Gummihandschuhe, ihren eigenen Kot oder auch den anderer essen, die ihrem Gegenüber ohne Vorwarnung eine Tasse heißen Kaffee ins Gesicht schütten, die kratzen, beißen und schlagen, wenn lediglich eine frische Windel angelegt werden soll, die von morgens bis abends ständig den gleichen Satz wiederholen, die ständig nach Hause wollen, die immer wieder nach Hilfe schreien, die nur noch mit Psychopharmaka in Schach gehalten werden können usw.

Daneben finden wir oft ebenfalls an Demenz Erkrankte, in der halbbewussten Zwischenwelt hängen gebliebene, halb tote Kreaturen des medizinischen „Fortschritts", die manchmal schon mit teilweise verfaulten Gliedern in ihren Betten dahinsiechen. Und um diesen Zustand „wohlwollend" solange wie möglich aufrechtzuerhalten, werden diese Kreaturen medizinisch „bestens" mit Medikamenten versorgt und

„gut" gepflegt. Sollten sie jedoch aufhören zu essen und zu trinken – die einzige Möglichkeit, die ihnen noch bleibt, um diesem Zustand zu entfliehen – dann wird mit allen Mitteln versucht, sie wieder zum Essen und zum Trinken zu bewegen, es werden Nahrungs- und Trinkprotokolle angelegt als auch häufige Gewichtskontrollen durchgeführt. Sollte dies nicht zum Erfolg führen, wird manchmal auch eine Magensonde zur „legitimen" Zwangsernährung gelegt oder es werden Infusionen verabreicht, anstatt der Natur ihren Lauf zu lassen.

Auf diese Weise werden Sterbende, so lange wie möglich, wenn auch „wohlwollend", in den Restfunktionen halb toter Organismen und zerbrochener Persönlichkeitsstrukturen festgehalten.

Es sind die in der halbbewussten Zwischenwelt Hängengebliebenen oder durch medizinische und pflegerische „Vorkehrungen" festgehaltenen Seelen.

Bei unvoreingenommener Betrachtung solcher bemitleidenswerten Kreaturen drängen sich unausweichlich Begriffe wie „verlorene-", „zersplitterte-" oder „zerrissene Seelen" ins Bewusstsein.

Eine erschreckende Situation, der die Worte „Fegefeuer" oder gar „Hölle" am ehesten gerecht werden.

„Fegefeuer" – weil die mit Bewusstsein versehenen Restteile der Persönlichkeit unter Leiden

„eingeschmolzen" werden müssen, damit der erlösende Tod eintreten kann.

„Hölle" – weil dieser Vorgang, durch standardisierte medizinische und pflegerische „Vorkehrungen", unnötigerweise verlängert wird.

Trotz all dieser genannten Tatsachen können wir erahnen, welche Empörung die Aussage, dass der Mensch sein Menschsein verlieren könne und als eine Art Halbwesen sogar unter die Stufe eines Tieres fallen kann, bei den Vertretern der Persönlichkeitskultur auslösen wird. Denn solche erschreckenden Dinge gelangen nur kurzfristig bis an den Rand des Blickwinkels dieser Vertreter und werden schnellstmöglich wieder aus ihrem Gesichtsfeld verbannt. „Man könnte ja selbst auch so enden."

Zur eigenen Selbstberuhigung und um den Schrecken abzumildern, wird dann weiter so getan, als ob fast vollkommen degenerierte Wesen noch integre Persönlichkeiten wären und als ob die Tatsache, dass ein Wesen zehn Finger und zehn Zehen besitzt, einen Menschen ausmachen würde.

Zum Zweck der Selbstberuhigung und Abmilderung des Schreckens werden immer neue beschönigende Worte erfunden und eingeführt: Station heißt dann „Bereich", geschlossene Station heißt „Beschützender Wohnbereich", Einweisung heißt „Einzug", Verlegung

heißt „Umzug", Patient heißt „Bewohner", Aufnahme-
gespräch heißt „Einzugsgespräch", Füttern heißt „Essen reichen", Windeln heißen „Einlagen", Breikost
heißt „passierte Kost", Gestank heißt „Geruch", Weg-
lauftendenz heißt „Hinlauftendenz", Fixiergurt heißt
„Sicherheitsgurt", Bettgitter heißt „Seitenschutz" usw.
Aus Hilflosigkeit dieser Situation gegenüber werden
mehr und mehr ausgedehnte „Experten"-Standards
zur Ernährung und Pflege von degenerierenden Organismen ausgearbeitet, in der Hoffnung die Situation
würde sich dadurch verbessern. Dabei wird aber vergessen, dass der Mensch nicht standardisierbar ist und
der Schrecken seiner inneren Situation durch eine Verbesserung der äußeren Umstände und einer nach Ex-
pertenmeinung „guten" Ernährung oder „guten" Pflege nicht geändert oder verbessert werden
kann.
Ebenso hofft man, dass ausgedehnte „Biographiearbeit" die Situation des dementen Menschen verbessern könnte, was aber einen Menschen lediglich auf
die Spur, welche seine Persönlichkeit im Leben hinterlassen hat oder auf seine Vergangenheit reduziert, und
was ihn, wenn er an Demenz erkrankt ist, sowieso
nicht mehr interessieren dürfte. Er ist ja inzwischen jemand ganz anderer geworden.

Jede Art der Beschönigung, der Ausschmückung, des Schönredens, der Verniedlichung, der Verdunkelung, Überdeckung, Verleugnung und Ausblendung solcher schrecklichen Tatsachen ändert aber nichts an der Wirklichkeit, dass wir, wenn vielleicht auch in einer schön dekorierten Umgebung, als zersplitterte Seelen ein elendes und schreckliches Ende nehmen können, zumindest solange wir Halbmenschen sind.

Zwischen unserem „Ich"-Bewusstsein und unserem Tod liegt die halbbewusste Zwischenwelt. Und weil sich während unseres Sterbeprozesses ausnahmslos alle Schutzschilde der Persönlichkeit auflösen werden, müssen wir das „Finstere Tal" dieser Zwischenwelt mit ihren Abgründen während unseres Sterbens oder Untergangs durchwandern, gleichgültig, ob wir einen schnellen oder langsamen Tod sterben. Denn gerade in Extremsituationen wird sich unser inneres Zeitempfinden nicht nach dem Zeiger einer Uhr richten.

Das Haupthindernis, das uns das Durchqueren der Halbbewussten Zwischenwelt während unseres Sterbeprozesses erschwert, ist die Todesangst. Diese entsteht aus den Identifikationen des Bewusstseins mit Besitztümern, mit unserm physischen Organismus, unserem Selbsterhaltungstrieb, mit Inhalten der Persönlichkeit, kurz mit allen möglichen vergänglichen Formen und Strukturen, welche uns etwas bedeuten.

Aber auch ungelöste Gewissenskonflikte können Todesangst hervorrufen – ein quälender Zustand, in dem ein Mensch das Gefühl hat, noch etwas erledigen zu müssen, aber dazu nicht mehr in der Lage ist.

Wenn wir ganz Mensch werden wollen, müssen wir uns den Tatsachen der halbbewussten Zwischenwelt mit ihren Schrecken - und auch unserem Gewissen stellen.

Anstatt uns immer wieder und immer weiter nach außen zu wenden, um vor den Tatsachen zu flüchten, müssen wir unsere Aufmerksamkeit mehr und mehr nach innen auf unser wahres Sein, auf unser formloses Bewusstsein richten.

Wir müssen aufhören zu glauben, dass wir unsere Persönlichkeit oder unsere halbbewusste Welt sind.

Wir müssen uns schon zu Lebzeiten hinwenden zum leeren, formlosen Bewusstsein, hin zu unserem wahren Wesen, zu unserem Ursprung, zu unserem wahren Sein.

Wir müssen das Formlose, das ungeformte Bewusstsein zu unserem Hauptsitz machen und die Persönlichkeit, wenn wir sie brauchen, zu einem vorübergehenden Nebensitz.

Wir müssen uns hinwenden zum Unbekannten und Unfassbaren. Denn nur so können wir die Abgründe

der halbbewussten Zwischenwelt unbeschadet überwinden und in Würde untergehen.

Ein bekannter Psalm Davids, aus dem Buch der Psal-
men, findet hier seinen richtigen Platz:

„Der Herr ist mein Hirte;
Er lagert mich auf grünen Auen, er führt mich zu stillen Wassern.
Auch wenn ich wandere im Tal des Todesschattens,
fürchte ich kein Unheil, denn du bist bei mir;
dein Stecken und dein Stab,
sie trösten mich.
Nur Güte und Gnade werden mir folgen alle Tage
meines Lebens; und ich kehre zurück ins Haus des
HERRN lebenslang."

Wenn wir hier von einem naiven, kindlichen Glauben
absehen; was anderes könnten der „Herr", der „Hirte",
die „grünen Auen", die „stillen Wasser" sein, als das
Ursprüngliche, Ungeformte, leere Bewusstsein?
Und was anderes könnten der „Stecken" und
„Stab" sein, als unsere freie Aufmerksamkeit, die wir
als göttliches Gnadengeschenk erhalten haben und die
wir auf das inhaltlose Bewusstsein richten können?

Die Welt des Unbekannten und Unfassbaren

Die Welt des Unbekannten und Unfassbaren ist das „Andere Ufer", das wir betreten, wenn wir als „Ich" in unserer „wachbewussten" Welt gestorben sind und alle Identifikationen mit den Inhalten der halbbewussten Zwischenwelt aufgelöst sind.

„Unbekannt" und „Unfassbar" nennen wir dieses „Andere Ufer", weil es nur betreten werden kann, wenn sich unser „Ich"-Bewusstsein aufgelöst hat und formlos geworden ist.

Die Form kann das Formlose niemals kennen oder verstehen. Das geformte Bewusstsein kann zum Formlosen werden, aber es wird dann nicht mehr das sein, was es war. So wie ein Regentropfen kein Tropfen mehr sein kann, sobald er in den Ozean gefallen ist. Er ist dann Ozean, aber kein Tropfen mehr.

Als „Ich" können wir niemals unseren Ursprung kennen oder verstehen, obwohl wir daraus hervorgegangen sind und wieder dorthin zurückkehren werden.

Ebenso wenig können wir „Gott" kennen oder verstehen. „Gott" ist das Unfassbare oder das ewige Fragezeichen.

Wir können Formen, Strukturen, Muster, deren Zusammenhänge und Funktionen verstehen. Aber letztendlich können wir nicht verstehen oder begreifen, warum es einen Ursprung oder „Gott" gibt. Wir können sagen, das Universum ist aus einem Urknall hervorgegangen, und der Urknall aus verdichteter Materie oder Energie. Aber warum gibt es Materie, Energie, Leben, Bewusstsein, warum gibt es einen Ursprung, der selbst keinen Ursprung hat?

Solche Fragen führen uns an den Rand unseres Verstandes. Und das ist gut so!

Denn der Verstand ist Teil unserer Persönlichkeit, und wenn wir ihn überwinden, können wir in das formlose Bewusstsein, welches alle Form umgibt und durchdringt, eintauchen. Dann wird unser ruheloses Denken aufhören und alle Fragen werden von uns abfallen. Wir werden zum ersten Mal unser wahres Sein verspüren, das den unverkennbaren Geschmack von Todlosigkeit besitzt. Wir können dieses Sein nicht verstehen und wir können es niemandem mitteilen. Wenn wir es erlebt haben, werden wir vollkommen alleine damit sein und gleichzeitig mit allem eins oder im Einklang sein.

Wenn wir in diesem Zustand nicht vollständig Stille halten können, wird uns der geringste Gedanke, die geringste emotionale Regung wieder in unsere „wachbewusste" Welt, in unser „Ich"-Bewusstsein zurückziehen und alles wird bis auf gelegentliche vage Erinnerungen wieder vergessen sein.

Dann müssen wir wieder anfangen zu suchen, uns endgültige Fragen stellen, uns in Kontemplation und Meditation üben, bis wir uns irgendwann ganz unverhofft wieder in diesem ganz anderen Zustand befinden.

Weil unser „Ich"-Bewusstsein diesen Zustand weder kennt noch begreifen kann, kann es ihn auch nicht absichtlich erzeugen.

Deshalb kann uns ein solcher Zustand auch nur als Geschenk oder als Gnadenakt überkommen. Aber deshalb dürfen wir nicht glauben, er käme ohne unser Zutun auf uns herab. Wenn wir in unserer „Ich"- und „wachbewussten" Welt mit allen möglichen Dingen identifiziert dahintreiben, sind wir nämlich vollkommen unempfänglich für solch einen Zustand. Auch wenn er sich direkt neben uns oder in uns selbst befindet, sind wir doch durch unsere Persönlichkeit, wie in einem faradayschen Käfig, vollständig davon abgeschirmt.

Damit unsere Empfänglichkeit für diesen Zustand des All-Eins-Seins sensibilisiert wird, müssen wir bestimmte Anstrengungen unternehmen, um die Schutzschilde unserer Persönlichkeit nach und nach zu lockern und durchlässig zu machen.

Wir müssen das Wagnis auf uns nehmen, uns regelmäßig an die Grenzen unseres Verstandes und unserer Persönlichkeit zu begeben.

Dazu können wir uns Fragen nach dem Sinn und Zweck des Daseins stellen.

Wir können uns fragen, wer oder was ist „Ich", ohne gleich auswendig gelernte Antworten parat zu haben.

Wir können uns die Unvermeidbarkeit unseres Todes ins Gedächtnis rufen und uns klar machen, dass wir eine vorübergehende Erscheinung sind. Wenn wir abends zu Bett gehen, können wir uns vor dem Einschlafen unser eigenes Sterben und unseren eigenen Tod vorstellen.

Wir können uns selbst beobachten, wie wir in Assoziationsmustern von Gedanken und Gefühlen dahintreiben, und verspüren, wie wir davon eingenebelt, wie im Halbschlaf unser Dasein verbringen.

Wir können uns im Schweigen üben, weil wir durch sinnloses Geplapper unbemerkt eine große Menge an Energie nach außen verschwenden.

Wir können, wenn möglich, in der dritten Person über uns sprechen, oder zumindest denken.

Wir können uns darin üben, taktile, akustische und visuelle Sinnesreize in einem gegebenen Moment gleichzeitig einströmen zulassen und wahrzunehmen.

Um uns dem formlosen Bewusstsein zu nähern, können wir unsere Aufmerksamkeit dann auf das eine Etwas in uns richten, das diese Dinge wahrnimmt und verspürt.

Wir können unsere Aufmerksamkeit auf unseren Denkprozess und gleichzeitig auf das leere Bewusstsein lenken.

Oder wir können unsere Aufmerksamkeit auf den leeren Raum zwischen uns und den Dingen richten, während wir gleichzeitig unser Dasein empfinden.

Wir können uns mit geradem Rücken niedersetzen, unsere Augen schließen, unseren Körper und das Ein- und Ausströmen unseres Atems spüren. Gleichzeitig richten wir einen Teil unserer Aufmerksamkeit auf den Gedankenstrom in unserem Kopf und den übrigen Teil unserer Aufmerksamkeit auf das wahrnehmende und verspürende Etwas in uns.

Aus einem uralten taoistischen Text erhalten wir, zu diesem Zweck, den Hinweis, die Aufmerksamkeit auf die Leere zwischen unseren beiden Augen zu richten.

Mit etwas Glück erreichen wir dann, hin und wieder, einen Zustand, in dem das Denken vorübergehend aufhört und wir einfach nur DA sind, was mit der Zeit einen Schwerpunkt im formlosen Bewusstsein schafft. Wir sollten solche Dinge so oft wie möglich, beharrlich und regelmäßig tun, um auf der einen Seite die

Durchlässigkeit unsrer Persönlichkeit zu erhöhen und auf der anderen Seite gleichzeitig Durchgänge zu unserem innersten formlosen Bewusstsein zu graben und uns darin zu festigen. Wir müssen nach und nach einen Halt im leeren Bewusstsein finden.

Denn wenn die Schutzschilde der Persönlichkeit zerbrechen und wir nicht wissen, wohin wir uns wenden können, um einen neuen Halt zu finden, dann landen wir eher in einer Irrenanstalt als in einem Zustand tiefer Meditation.

Das Hauptwerkzeug in diesem Prozess ist unsere Aufmerksamkeit. Wo unsere Aufmerksamkeit ist, da sind wir. Wird sie von Sinnesreizen aufgesogen, sind wir in den Sinnesreizen; wird sie von Schmerzen aufgesogen, sind wir im Schmerz; wird sie von Handlungen aufgesogen, sind wir im Handeln; wird sie von Gedanken aufgesogen, sind wir in Gedanken; wird sie von Gefühlen oder Emotionen aufgesogen, sind wir in Gefühlen oder Emotionen.

So bleibt uns nur ein relativ geringer Teil an freier Aufmerksamkeit, die wir willentlich und bewusst auf etwas richten können. Diesen freien Teil der Aufmerksamkeit gilt es zu vergrößern, indem wir ihn so oft wie möglich benutzten und unsere Aufmerksamkeit bewusst und absichtlich auf bestimmte Dinge richten.

Gemeint ist hier nicht die Konzentration unserer gesamten freien Aufmerksamkeit auf eine einzige Sache, wodurch alles andere ausgeschlossen wird, sondern ein absichtliches Aufteilen der Aufmerksamkeit zwischen dem leeren Bewusstsein auf der einen Seite und unseren Gedanken, Gefühlen oder Handlungen auf der anderen Seite.

Das heißt: Während wir zum Beispiel eine Handlung ausführen, können wir einen Teil unserer freien Aufmerksamkeit auf die Handlung selbst richten und den restlichen Teil auf das wahrnehmende, leere Bewusstsein.

In der Lehre Gurdjieffs wird dieser Vorgang „Selbsterinnern" genannt.

Aufmerksamkeit ist eine Art innere Nahrung, womit wir das nähren, worauf wir sie richten.

Gewöhnlich richten wir unsere Aufmerksamkeit nur auf äußere Dinge, wodurch auch unsere Lebensenergie nach außen fließt und sich dort zerstreut oder verbraucht.

Indem wir jedoch einen Teil unsrer Aufmerksamkeit an das leere Bewusstsein heften, kommt es zu einem Rückstrom der in psychischen Inhalten gebundenen Energie, wodurch das leere Bewusstsein genährt wird. Im Laufe der Zeit kommt es dann zur Sammlung dieser Energie im in der Leere des Bewusstseins und dort zur

Auskristallisierung eines Schwerpunktes, aus dem unser wirkliches Sein hervorgeht.

Während wir all dies tun, dürfen wir uns aber nicht der Illusion hingeben, schnelle Ergebnisse zu erzielen, um dann wieder damit aufzuhören.

Wir müssen uns vielmehr darauf einstellen, es bis zu unserem letzten Atemzug zu tun. Genauso wie wir bis ans Ende unserer Tage essen und trinken müssen, müssen wir den Schwerpunkt, und somit, das Gravitationsfeld im formlosen Bewusstsein nähren, damit es im Augenblick unseres Todes stark genug ist, um alle noch nach außen gerichteten Bewusstseinsteile in sich hineinzuziehen und wir uns vollständig im Zustand des All-Eins-Seins auflösen können.

Selig können sich diejenigen schätzen, die diesen Bewusstseinszustand schon zu Lebenszeiten erfahren dürfen.

Denn letztendlich liegt es nicht alleine an unserem Tun, ob, wie oft und wie dauerhaft uns dieser Zustand widerfährt. Wir können lediglich unsere Empfänglichkeit dafür erhöhen. Alles andere liegt nicht in unseren Händen.

Bei der Anwendung oben genannter oder auch anderer Methoden, die der Erhöhung unserer Empfänglichkeit für unser wahres Sein und zur Schaffung eines Schwerpunktes im leeren, formlosen Bewusstsein dienen, sollten wir immer auf die richtige Ausführung der angewendeten Methode achten, um keine falschen Ergebnisse zu erzielen.

Ganz gleichgültig ob wir eine Form des Yoga, des Tai Chi, der Selbstbeobachtung, der Kontemplation, der Meditation oder Ähnliches praktizieren – das Kennzeichen der richtigen Ausführung ist immer eine Einbeziehung des leeren, formlosen Bewusstseins, weil wir nur so die Grenzen der Persönlichkeit und des physischen Organismus mit seinen angeborenen Trieben und Instinkten überschreiten können. Wenn wir beispielsweise eine Form des Yoga oder Ähnliches praktizieren und dabei vergessen einen Teil unserer Aufmerksamkeit im leeren Bewusstsein zu halten, wird daraus nicht mehr als eine gymnastische Übung. Dies mag zwar einen günstigen Einfluss auf unsere körperliche Gesundheit haben, aber es wird uns nicht über die Grenzen unserer Persönlichkeit, unseres „Ich"-Bewusstseins und unserer „wachbewussten" Welt hinausführen. Es wird ein falsches und entartetes Yoga sein, welches der einseitigen Stärkung von Persönlichkeitsinhalten und dem Persönlichkeitskult dient.

Ebenso verhält es sich bei der Kontemplation. Wenn wir eine Rolle oder ein Muster der Persönlichkeit von unserem Verstand aus, der ebenfalls Teil der Persönlichkeit ist, betrachten und widerspiegeln, bewegen wir uns innerhalb der Persönlichkeit, was unsere Betrachtung immer mit einer Beurteilung oder Verurteilung behaftet wird. Diese Beurteilung wird das Betrachtete dann im Sinne persönlicher Vorlieben und Abneigungen so verzerren, dass es in unsere bekannte, „wachbewusste", Welt passt.

Wenn wir hingegen etwas aus dem leeren, formlosen Bewusstsein heraus betrachten, gibt es keine Beurteilung des Betrachteten und es kommt zu einem klaren, unmittelbaren, umfassenden und unverzerrten Seins-Eindruck. Ein solcher Eindruck kann uns die Tür zu tiefer Meditation und einer Welt öffnen, die unserem „Ich"-Bewusstsein vollkommen unbekannt ist.

Kurz gesagt: Die falsche Anwendung all dieser Methoden führt lediglich zur weiteren Ausschmückung unseres goldenen Käfigs und hält uns in unserer bekannten „Ich"- und „wachbewussten" Welt fest. Eine falsche Anwendung hindert uns daran, das Unbekannte zu betreten, wofür diese Methoden ursprünglich gedacht sind.

Eine weitere Hürde bei unseren Bemühungen, uns dem Unbekannten zu nähern, ist das Erwarten von Ergebnissen. Denn jede Erwartungshaltung wird uns innerhalb der Persönlichkeit festhalten.

Und nicht zuletzt sollten wir auch noch Folgendes beachten: Wenn wir hin und wieder ein Ergebnis erzielen

und uns in einem Zustand des bewussten Daseins befinden, werden Persönlichkeitsinhalte wie Ehrgeiz,
Stolz und Eitelkeit usw., versuchen, sich diesem Zustand anzuheften, womit wir ihn sofort – und oft unbemerkt – auch wieder verlieren, während wir uns
selbst zu unserem „Erfolg" beglückwünschen. So wird,
im wahrsten Sinne des Wortes, unser wirkliches Sein
vereitelt.

Der Ablauf eines solchen Vorgangs kann in etwa fol-
gendermaßen geschehen:

Während wir eine der oben genannten Methoden anwenden, kommt es irgendwann und unverhofft zu einem Gleichgewicht zwischen den nach außen und den
nach innen fließenden Energieströmen. Plötzlich wird
die ganze Welt zu einem einzigen unaufhörlichen Strömen und wir befinden uns in der Mitte dieses Strö-
mens oder werden selbst dazu. Wir sind in Meditation.
Da meldet sich unversehens unser Verstand zu Wort
und gibt der Sache einen Namen, ein Gedanke taucht
auf. Etwa: „Ah, das ist es", „Ich hab's geschafft", oder
so ähnlich. Wir sind, kaum merklich, wieder zu unserem wohlbekannten „Ich" und zu unserer Persönlichkeit geworden, die sich nun mit Gedanken an das Erlebte auszuschmücken beginnt. Das Erlebte ist zum
Gedanken geworden, und wenn wir, wie es meist der
Fall ist, beginnen, den Gedanken oder die Erinnerung

für das Erlebte selbst zu halten, sind wir wieder vollkommen in unserer illusorischen „Ich"- und „wachbewussten" Welt gelandet, wo das Ganze auch bald wieder vergessen wird. Mag sein, dass wir uns hin und wieder, mal ganz nebenbei und vage, an das Erlebte erinnern. Aber das sind nur flüchtige Gedanken, die in unserem Alltag auch schnell wieder untergehen. Vielleicht dauert es jetzt wieder Stunden, Tage, Wochen, Monate oder sogar Jahre, bis wir wieder einmal einen solchen Zustand erfahren dürfen.

Wir können dem nur abhelfen, indem wir bescheidener werden, indem wir uns klar machen, dass wir uns selbst nicht geschaffen haben und dass wir folglich solche Zustände des wirklichen Seins ebenfalls nicht schaffen können, dass solche Zustände gewissermaßen als Gnade auf uns herabkommen.

Wenn wir aber bescheidener werden und zusätzlich die Vorgänge in unserer Psyche unparteilich und unmittelbar betrachten, was wirklicher Kontemplation entspricht, dann können wir die Frequenz solcher Gnadenzustände erhöhen, sodass sie immer häufiger auftreten und es zu einer regelmäßigen Fluktuation zwischen den Zuständen des „Wachbewusstseins" und den Zuständen der Meditation kommt.

Dies setzt aber voraus, dass wir uns regelmäßig in der Kunst der Kontemplation und des Stille Haltens üben.

Dabei müssen wir lernen, Stille zu halten, wenn wir uns im leeren Bewusstsein oder in Meditation befinden, und wir müssen lernen, zu kontemplieren oder unparteilich und unmittelbar zu betrachten, wenn wir uns im „Wachbewusstsein" befinden.

In diesem Zusammenhang bedeutet Stille halten, sich nicht mit aufkommenden Gedanken zu verbünden, um sich schließlich im nachfolgenden Gedankenstrom zu verlieren.

Insbesondere wenn wir uns im leeren Bewusstsein befinden, sind wir von unseren Gedanken unterschieden:

Wir sind nicht unsere Gedanken. Wir können ihnen zustimmen oder wir können ihnen die Zustimmung verweigern. Stimmen wir ihnen zu, werden wir uns in ihnen verlieren; verweigern wir ihnen die Zustimmung, gleichgültig, wie schmeichelnd bestimmte Gedanken auch sein mögen, dann halten wir Stille.

Kontemplation ist in diesem Zusammenhang die direkte, unmittelbare und unparteiliche Betrachtung eines gegebenen Augenblicks in seiner Beziehung zum leeren Bewusstsein, nachdem wir im leeren Bewusstsein nicht mehr Stille halten konnten, und uns wieder in der „Ich"- und „wachbewussten" Welt verloren haben.

Dann kontemplieren wir: In was sind wir gerade verwickelt? In Gedanken? In Emotionen? In Freude? In Stolz? In Eitelkeit? In Ehrgeiz? In Sorgen? In Ängsten? In Überheblichkeit? In Gier? In Eifersucht? In Neid? In Argwohn? In Selbstbewunderung? In Selbstmitleid? In Rechtfertigungen? In vergangenen oder möglichen künftigen Ereignissen? In Träumen oder Fantasien? Und so weiter.

Hierbei müssen wir darauf achten, dass wir nicht beginnen, das Betrachtete zu analysieren, zu be- oder zu verurteilen oder zu rechtfertigen. Denn dann wird die unmittelbare direkte Kontemplation zur indirekten Kontemplation. Die Betrachtung wird zur Begutachtung, welche sich allein innerhalb der Persönlichkeit abspielt und jeden Bezug zum leeren Bewusstsein verloren hat. Dies wäre, in diesem Zusammenhang, falsche Kontemplation.

Direkte und unmittelbare Kontemplation hingegen ruft das leere Bewusstsein auf den Plan und ebnet uns den Weg, zurück zur Stille im leeren Bewusstsein.

Stille Halten und unmittelbare Kontemplation sind wie ein doppelschneidiges Schwert, das uns von den Weisen uralter Epochen übergeben wurde. Mit diesem Schwert können wir den inneren Kampf führen: gegen unseren hypnotischen Schlaf in der „Ich"- und „wachbewussten" Welt der Persönlichkeit, gegen die

Verblendungen einer illusorischen Welt, gegen die seelische Verarmung des mechanisierten Menschen, und nicht zuletzt, gegen das innere Elend der in einer einseitigen Persönlichkeitskultur aufgewachsenen, alternden und sterbenden Menschen, zu denen auch wir selbst gehören.

Dieser innere Kampf ist der wahre „Heilige Krieg". Er lässt das eigene „Ich" zugunsten eines höheren Etwas sterben und opfert nicht das eigene Leben, um das vermeintlicher „Sünder" zu zerstören.

Wir müssen dieses doppelschneidige Schwert des Stille Haltens und der Kontemplation so oft wie möglich benutzen, es in verschiedenen Situationen anwenden, wir müssen es pflegen und zugänglich aufbewahren, wir müssen lernen, es richtig zu benutzen und jederzeit griffbereit zu haben – damit wir es während unserer letzten Atemzüge zur Hand haben, damit wir die halbbewusste Zwischenwelt mit ihren Abgründen durchqueren können, damit wir das „Andere Ufer" unbeschadet erreichen und ganz in unseren Ursprung eingehen können.

Damit die beschriebenen Methoden ihren Nutzen voll entfalten können, wollen sie gelebt und praktiziert werden.

Wenn das hier Gesagte aufgrund der Filterung von Eindrücken lediglich bis zu unserem Verstand oder unserem Denken vordringt, bleibt es an der Oberfläche der Persönlichkeit hängen und es wird zu gar nichts führen oder bestenfalls eine kleine Beflügelung unseres Denkens hervorrufen, die sich entweder durch Kritik oder Zustimmung äußern wird.

Wir können das Gesagte erst verstehen, wenn wir es über einen längeren Zeitraum praktiziert haben.

Und praktizieren werden wir es erst dann, wenn es mindestens bis zu unserem Fühlen vordringt und dort auf eine positive Resonanz trifft, welche uns schließlich die emotionale Motivation zum Handeln liefert.

Aber je nachdem, wie wir in unserer Persönlichkeitsstruktur gestrickt sind und welche Verhaltensmuster oder Rollen vorherrschen, kann es auch im emotionalen Bereich dem hier Gesagten gegenüber zu ablehnenden Haltungen kommen.

Abschließend soll auf den letzten Seiten dieses Kapitels noch das Bild eines ganz gewordenen Menschen oder eines Menschen, der sich in tiefer Meditation befindet und dessen Schwerpunkt im leeren Bewusstsein liegt, schematisch dargestellt und beschrieben werden:

Abb. 8: Der ganz gewordene Mensch

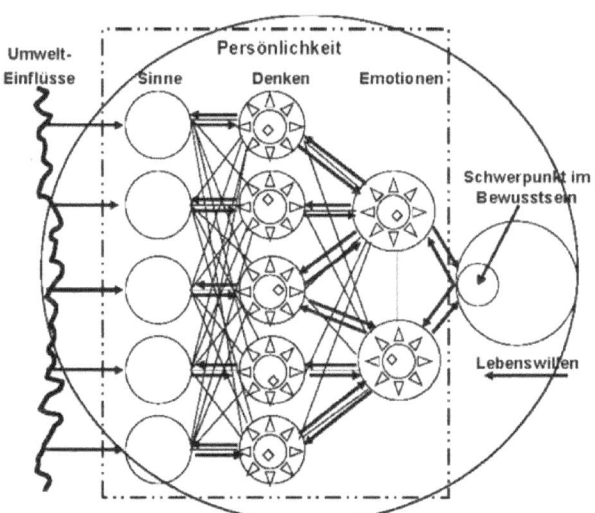

Mit der Verschiebung des Schwerpunktes ins leere Bewusstsein haben sich die Identifikationen mit einzelnen Verhaltensmustern und Rollen der Persönlichkeit aufgelöst. Körper und Persönlichkeit sind durchlässig geworden (gestrichelte Linie). Der nach außen und nach innen fließende Energiestrom ist ins Gleichgewicht gekommen, wodurch sich ein Energiekreislauf gebildet hat, was als unaufhörliches Strömen empfunden werden kann. Das Bewusstsein ist umfassend geworden. Es befindet sich gleichzeitig innerhalb und außerhalb des Körpers und der Persönlichkeit. Es durchdringt gleichermaßen Körper und Persönlichkeit und

93

umgibt diese. Das Körperempfinden endet nicht mehr an der Hautoberfläche, sondern die gesamte materielle Umgebung, in die wir eingebettet sind, wird als ein vom Bewusstsein durchdrungener Körper empfunden. Betrachter und Betrachtetes sind eins geworden. (Abb. 8)

Dissoziation, Demenz und der Untergang der Persönlichkeit

Dissoziation der Persönlichkeit bedeutet, dass die Verbindungen zwischen den einzelnen Teilen, Verhaltensmustern und Rollen der Persönlichkeit unterbrochen werden, was physiologisch der Unterbrechung von Synapsen und Nervenbahnen in unserem Gehirn entspricht. (Abb.9)

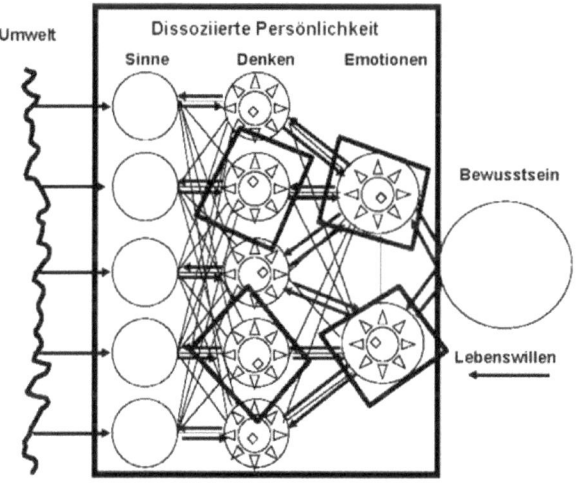

Abb. 9: Die Verbindung der einzelnen Persönlichkeitsteile wird unterbrochen (Hier als eingerahmte Muster oder Rollen dargestellt)

Wenn wir dies in seinem ganzen Umfang verstehen, können wir auch das Wesen der Demenz verstehen. Ganz gleichgültig, welche medizinischen Ursachen einer Demenz zugrunde liegen mögen; ob es sich um eine vaskuläre, gemischte, erbliche, durch Hirnblutungen oder Hirninfarkte hervorgerufene, oder um eine Alzheimer Demenz handelt: All diesen Demenzarten liegen, zumindest wenn es sich um Altersdemenzen handelt, fast ausnahmslos Degenerationsprozesse zugrunde. Und alle Demenzarten haben das gemeinsame Merkmal des Verlustes von Zusammenhängen innerhalb der Persönlichkeitsstruktur, also der Dissoziation.

Die Verbindungen zwischen den Verhaltensmustern und Rollen untereinander können mehr oder weniger gestört, aber auch vollständig unterbrochen sein. Ebenso kann die Anzahl der dissoziierten Persönlichkeitsteile zwischen wenigen und allen variieren. Daraus erklärt sich auch der Schweregrad einer Demenz, der zwischen unmerklicher, dezenter und vollkommener geistiger Umnachtung mit situativer, zeitlicher, örtlicher und persönlicher Desorientiertheit liegen kann.

Im Anfangsstadium oder bei den leichteren Schweregraden finden wir oft Personen mit gut aufrechterhaltener Persönlichkeitsfassade: Sie können noch unmittelbare Notwendigkeiten des Alltags erkennen, können noch Zeitung lesen, können sich Getränke einschenken, wenn sie durstig sind, können noch mit

Messer und Gabel essen, können ihr Eigentum erkennen, können ihre Notdurft noch selbstständig verrichten, und können auch scheinbar sinnvolle Gespräche führen. Erst bei näherem Hinschauen oder bei länger dauernden Gesprächen fällt auf, dass da irgendetwas nicht zusammenpasst oder stimmt: dass sie zum Beispiel etwas wiederholen, was sie kurz vorher schon sagten, dass sie nicht mehr wissen, was kurz vorher geschah, dass sie aus der Luft gegriffene Erklärungen für ihre momentane Situation erfinden oder plötzlich den momentanen Aufenthaltsort mit einem anderen Ort verwechseln usw.

Bei den schwereren Fällen gesellen sich zu den oft schon stark ausgeprägten Orientierungsstörungen auch noch andere physiologische und neurologische Begleiterscheinungen, wie Koordinationsstörungen, motorische Unruhezustände, Kontrollverlust über die Harn- und Stuhlausscheidung, Hypersensibilität oder Schmerzunempfindlichkeit, Störungen des sprachlichen Ausdrucks mit Wortfindungsstörungen, ständige Wiederholungen ein und desselben Satzes oder Wortes, Beschränkung des Ausdrucks auf Laute oder Schreie, vollständige Aphasie, bis hin zu Schluckstörungen, Körperzuckungen und Krampfanfällen usw.

Die Bandbreite der Ausdrucks- und Verhaltensweisen solcher dissoziierten Persönlichkeitsstrukturen reicht von freundlich, liebenswürdig, amüsant bis zu verabscheuungswürdig, ekelerregend oder auch gewalttätig.

Wenn wir uns fragen, was in solch einer dissoziierten
Persönlichkeit wohl vor sich gehen mag – dann lautet
die Antwort: das Gleiche, was in uns selbst und in jedem anderen „normalen" Menschen auch vor sich
geht; beim Dementen aber nur in isolierter Form!
Denn die dissoziierten bzw. isolierten einzelnen Persönlichkeitsmuster werden viel deutlicher sichtbar als
die assoziierten Muster einer intakten Persönlichkeitsstruktur.

Der Unterschied zwischen einem dementen und einem auf der allgemeinen Plattform lebenden „normalen" Menschen ist also lediglich graduell.

Weil der „normale" Mensch in seinem Alltagsleben bestimmten Verhaltensmustern und Rollen den Vorzug
gibt, sind diese in seiner Persönlichkeitsstruktur mehr
oder weniger von den im Hintergrund verbliebenen
Mustern und Rollen abgetrennt, also dissoziiert.
 Die vorgezogenen Verhaltensmuster und Rollen sind
im „normalen" Menschen soweit miteinander verbunden, dass sie eine Persönlichkeitsstruktur bilden, mit
der er sein Leben auf der allgemeinen Plattform einigermaßen bis gut auf die Reihe bringt.

Die im Hintergrund verbliebenen Muster und Rollen
bleiben vorerst unsichtbar in einem dissoziierten Zustand, können aber sichtbar werden, wenn es zum Beispiel durch beginnende Degenerationsprozesse im Alter, zu einer Schwächung der im Vordergrund stehenden Alltagspersönlichkeitsstruktur kommt.

Mit fortschreitender Degeneration und Dissoziation der Alltagspersönlichkeitsstruktur bröckelt dann auch die bis dahin aufrechterhaltene Fassade einer vormals „intakten" Persönlichkeit, bis die gesamte Persönlichkeitsstruktur in einzelne unzusammenhängende Fragmente aufgesplittert ist und der Mensch auch im Alltagsleben seine Orientierung vollständig verliert.

Dann kommt es zu einer unregelmäßigen Fluktuation der einzelnen Fragmente, welche durch zufällig aufgenommene Reize aus der Umgebung oder durch Körperempfindungen aktiviert werden.

Nicht selten finden wir aber auch Demente, bei denen ein einzelnes Fragment von morgens bis abends aktiv ist und sich in ständig wiederholten automatischen Handlungen oder Äußerungen zeigt.

Die bei einer Demenz auftretenden Phänomene lassen sich ausnahmslos alle durch Dissoziation erklären.

Unter solchen Phänomenen finden wir Wahnvorstellungen aller Art, Unterhaltungen mit dem eigenen Spiegelbild, als sei es eine andere Person, Selbstgespräche, bei denen sich unterschiedliche Fragmente in Ton und Ausdruckswiese abwechseln:

Zum Beispiel schreit eine demente Person unaufhörlich und laut „Hilfe! Hilfe!"; man fragt „wie geht es ihnen?"; und erhält dann als Antwort etwa: „Sehr gut, danke der Nachfrage"; wendet man sich ab, geht es mit „Hilfe! … Hilfe! …" weiter.

Oder: Eine gut situierte, gut gekleidete alte Dame starrt vor sich hin und sagt in aufgeregtem Ton Dinge wie: „Du alte Dreckshure", „Du verfluchtes Dreckschwein", „Du verdammtes Drecks Luder" oder Ähnliches. Zwischendurch sagt sie plötzlich in ganz ruhigem Ton: „So was sagt man doch nicht" - und im nächsten Moment geht das Geschimpfe wie vorher weiter.

Wir finden Leute, die in ihre Hose oder in ihr Bett urinieren und voller Überzeugung behaupten, jemand anderes hätte es getan. Manche verstecken Gegenstände und behaupten dann felsenfest, man hätte sie bestohlen.

Andere wiederum schlagen ohne Vorwarnung auf jemanden ein und behaupten im nächsten Moment auf Nachfrage, sie hätten in ihrem ganzen Leben noch nie jemanden geschlagen. Und so weiter.

In solchen Beispielen können wir die Dissoziation der einzelnen Persönlichkeitsteile deutlich sehen:

Der Teil, der ins Bett uriniert, ist ein anderer als derjenige, der behauptet, jemand anderes hätte es getan. Der Teil, der Gegenstände versteckt, ist ein anderer als der, welcher behauptet, er sei bestohlen worden. Und der Teil, der jemanden schlägt, ist ein anderer als derjenige, welcher behauptet, in seinem ganzen Leben noch nie jemanden geschlagen zu haben, usw.

Zu diesen elenden Zuständen der Dissoziation kommen dann mit zunehmendem Alter auch noch körperliche Gebrechen hinzu, die bis zu vollständiger Bettlägerigkeit und schließlich zum Siechtum führen können. Viele solcher Menschen müssen die letzten Jahre ihres Lebensabends in Desorientiertheit, Verwirrtheit, inneren Unruhezuständen und massiven körperlichen Einschränkungen verbringen.

Weil die Demenz, insbesondere Alters- und Alzheimerdemenz, die Folge unvermeidbarer Degenerationsprozesse ist, müssen wir uns darüber im Klaren sein, dass diese Degenerationsprozesse letztendlich nicht aufzuhalten sind, und dass eine dadurch entstandene Demenz nicht heilbar oder umkehrbar ist.

Solche Degenerationsprozesse können, wenn auch mit mäßigem Erfolg, lediglich verlangsamt oder hinausgezögert werden, was innerhalb der Persönlichkeitskultur auch mit allen Mitteln versucht wird, während aber der Untergang der Persönlichkeit unaufhaltsam fortschreitet. Nur stellt sich hier die Frage, ob wir einem Menschen, dessen Persönlichkeit nur noch aus einzelnen, zusammenhanglosen Fragmenten besteht, etwas Gutes damit tun, wenn wir ihn solange wie möglich in solch einem desolaten Zustand halten? Oder ob wir ihn damit einer oft über Jahre andauernden Folter aussetzen?

Solche Fragen werden aber innerhalb der Persönlichkeitskultur erst gar nicht gestellt, weder von ehrgeizigen Medizinern noch von den „wohlwollenden" Vertretern des sozialen Engagements – und erst gar nicht von den noch „wohlwollenderen" Vertretern der Pharmaindustrie.

Wenn wir aber, vom Persönlichkeitskult geprägt, selbst nur die Welt der Persönlichkeit kennen, werden wir uns solche Fragen ebenfalls nicht stellen.

Wir werden dann zu Mitläufern in einer Erhalten-um-
jeden-Preis-Kultur. Wir lassen jedes Wehwehchen medizinisch behandeln, gehen regelmäßig zu Vorsorge-
untersuchungen, achten auf gesunde Ernährung, trei-
ben Sport und versuchen unsere grauen Zellen auf
Trab zu halten. Wir mögen all diese Dinge tun, sie mögen auch die Zeitspanne unseres Lebens in kleinerem
oder größerem Maße verlängern.

Solange wir aber keinen Bezug zur spirituellen Plattform haben, das heißt, zum leeren, ungeformten Bewusstsein, bewegen wir uns innerhalb des Persönlichkeitskultur auf der Flucht vor dem Unumgänglichen,
von einer Fata Morgana zur nächsten, während der
Degenerationsprozess im Hintergrund unbemerkt voranschreitet, bis er uns schließlich eingeholt hat.

Kommt uns im Laufe unseres Älterwerdens doch hin
und wieder die Unvermeidbarkeit unseres Untergangs
und Sterbens in den Sinn, hoffen wir vielleicht auf einen plötzlichen, am liebsten, „unmerklichen" Tod.
Auf diese Weise geben wir, während wir heiter drauf-
losleben, wohl oder wehe unser Altern, unseren Untergang und unser Sterben in die Hände des Zufalls.

Vielleicht sterben wir dann, wie gewünscht, einen
plötzlichen, „unmerklichen", vielleicht aber auch, einen langsamen Tod, im Siechtum und in geistiger Umnachtung.

Solange wir vor dem Altern, dem Sterben und dem Tod
flüchten, klammern wir eine Hälfte der Wirklichkeit
aus unserem Dasein aus. Dadurch wird die

Persönlichkeit von der Realität des Todes abgespalten und die erste Grundvoraussetzung für weitere Dissoziationen innerhalb der Persönlichkeit geschaffen.

In dem Moment, in dem wir uns von einem Teil der Wirklichkeit abspalten, beginnen wir innerlich in einer imaginären, verzerrten und unwirklichen Welt von Halbwahrheiten und Trugbildern zu leben.

Wir können dann, solange bestimmte Persönlichkeitsstrukturen noch intakt sind, zwar ein „normales" äußeres Leben in unserer „wachbewussten Welt" führen, aber in Bezug zur Wirklichkeit haben wir bereits begonnen, uns zu dissoziieren und in gewisser Weise desorientiert oder dement zu sein. Wir wollen diese erste Abspaltung von der Wirklichkeit die primäre Dissoziation nennen.

Auf der Grundlage dieser primären Dissoziation der Persönlichkeit von der Wirklichkeit des Todes kommt es dann im Laufe unseres Älterwerdens, was einem Näherkommen des Todes entspricht, zu weiteren Dissoziationsprozessen, die sich jetzt innerhalb unserer Persönlichkeitsstruktur selbst abspielen.

Sobald dann die innere Struktur der Persönlichkeit in unzusammenhängende Fragmente zu zerfallen beginnt, gibt es für diesen Menschen kein Zurück mehr. Er wird in einem Zustand geistiger Umnachtung untergehen. Er wird ebenso wie der Mensch, der plötzlich und unerwartet aus dem Leben gerissen wird, unvorbereitet und unbewusst sterben.

Das Wissen um die eigene Sterblichkeit ist ein Faktor, durch den sich der Mensch vom Tier unterscheidet. Wenn wir diesen Faktor während unseres Daseins vernachlässigen, laufen wir Gefahr unvorbereitet einen unbewussten und menschenunwürdigen Tod zu sterben, wie ein Tier.

Menschenwürdig zu sterben heißt nämlich, auf den Tod vorbereitet zu sein, ihn bewusst willkommen heißen zu können, wenn er an unsere Tür klopft.

Wollen wir vorbereitet sein, müssen wir dem Tod und den unvermeidlichen Degenerationsprozessen unseres Körpers und unserer Persönlichkeit, das heißt unseren bevorstehenden Untergang ins Auge sehen.

Wir müssen lernen, uns nicht mehr vor diesen Dingen zu fürchten und zu verstecken, sonst beginnen wir wieder vor ihnen wegzulaufen und geraten in Furcht und Schrecken, wenn sie uns schließlich doch einholen.

Wenn wir den Tod fürchten und fliehen, ist die Wahrscheinlichkeit groß, in einer Sackgasse zu enden, die wir Demenz nennen: Auf der Flucht vor dem unvermeidlichen Ende werden wir ein Versteck als Zufluchtsort suchen. Und weil wir nichts anderes als unsere Persönlichkeit kennen, werden wir uns als Erstes in dieser verbarrikadieren und so die primäre Dissoziation schaffen.

Sind die inneren Strukturen der Persönlichkeit noch soweit intakt, dass wir ein „normales" Leben führen können, werden wir uns in Ablenkungen und

Zerstreuungen jedweder Art flüchten: in die Arbeit, in soziales Engagement, in persönliche Selbstwertschätzungen, in Darstellungen unserer Person, in persönliche Besitztümer, kurz in allem, was der Persönlichkeitskult zu bieten hat.

Wir müssen hier auch verstehen, dass der primären Dissoziation physiologisch der Selbsterhaltungstrieb zugrunde liegt und dass sie eine naturgegebene Notwendigkeit ist, um auf der allgemeinen Plattform des Lebens Fuß fassen zu können.

Die Persönlichkeit muss sich zuerst von verschiedenen Dingen abgrenzen, um sich voll entwickeln zu können, und um auf der allgemeinen Plattform des Lebens als Anpassungswerkzeug gut zu funktionieren. Die Probleme entstehen erst dann, wenn im Laufe unseres Älterwerdens, Sterben und Tod in unser Bewusstsein drängen und wir zu sehr an der Persönlichkeit festhalten, weil wir sie als unsere Wesensnatur betrachten. Solange auf dieser Stufe der primären Dissoziation unser „gesunder Menschenverstand" noch intakt ist, sind auch noch eine Umkehr und die Hinwendung zu unserer wahren Wesensnatur, dem formlosen Bewusstsein, möglich. Vorausgesetzt, natürlich, dass wir die Fähigkeit, uns über unser Dasein zu wundern, noch nicht ganz verloren haben und wir noch so viel Intelligenz besitzen, um zu erkennen, dass wir auf Sand bauen, wenn wir unser weiteres Dasein auf vorübergehende Erscheinungen gründen.

Wenn wir nach der primären Dissoziation auf der Flucht vor dem Unausweichlichen weiter an der Persönlichkeit haften, uns in ihr verbarrikadieren und verstecken, während der Degenerationsprozess im Laufe unseres Älterwerdens weiter voranschreitet, kommt es zu Dissoziationsprozessen innerhalb der Persönlichkeitsstruktur selbst oder zur Sekundären Dissoziation. Hierbei zerfällt die zuvor relativ gut zusammenhängende Gesamtstruktur der Persönlichkeit in kleinere Strukturen, sodass von der Hauptstruktur gerade noch genug übrigbleibt, um mit Müh und Not ein paar einfache Alltagsdinge zu regeln. Dann sind wir senil geworden.

Um uns herum ist es enger und dunkler geworden. Wenn wir nach vorne blicken, steht da die gähnende Leere des Todes oder unser Untergang; also blicken wir zurück auf das, was wir einmal waren, was wir gut konnten, was wir geleistet haben, was wir erworben haben, aber auch auf Schicksalsschläge und Dinge, die uns übel mitgespielt haben usw. Wir beginnen uns an Vergangenes zu klammern, erzählen voller Stolz von unseren erbrachten Leistungen oder beklagen uns über Schlimmes, das uns widerfuhr.

War während der primären Dissoziation unsere Persönlichkeit noch eine relativ gemütliche Höhle, in der wir uns verstecken konnten, so ist unser Versteck nun, während der sekundären Dissoziation, zu einem mehr oder weniger dunklen Loch geworden. Auf der Flucht vor dem unvermeidlichen Ende kauern wir uns in

dieses Loch und versuchen noch einige Lichtblicke aus
sozialen Kontakten und Umweltreizen zu erhaschen.

Von hier aus ist eine Umkehr nicht mehr möglich. Entweder sterben wir in diesem Stadium an irgendwel-
chen Krankheiten, vor denen uns die moderne Medizin mit einer täglichen Handvoll Medikamente ja gut
zu „schützen" weiß, oder aber wir fallen weiterer Degenerationsprozessen zum Opfer, die schließlich in der
tertiären Dissoziation enden.

Die tertiäre Dissoziation zeichnet sich durch weitere
Aufspaltung der jetzt schon eingeschränkten Persönlichkeitsstrukturen in noch kleinere, unzusammenhän-
gendere Fragmente aus.

In diesem Stadium verliert der Mensch nach und nach
die Orientierung und es tritt das ein, was als Demenz
bezeichnet wird.

Der Übergang von der sekundären zur tertiären Dissoziation kann sich als besonders leidvoll für einen Menschen gestalten, weil die immer öfter auftretenden Zustände der Desorientiertheit noch wiederholt bewusst
wahrgenommen werden können.

Der Mensch bemerkt und verspürt dann noch, dass er
nach und nach die Orientierung verlieret und innerlich
zerrissen wird. Am Ende dieses Prozesses wird er die
Orientierung vollständig verloren haben, er wird nur
noch aus fluktuierenden Fetzen bestehen – und dies
auch nicht mehr bewusst bemerken.

Weil alle Persönlichkeitsteile zusammenhangslos geworden sind, können auch keine Zusammenhänge mehr erkannt werden.

Der Mensch hat endgültig seinen Verstand verloren. Selbst einfachste Dinge des Alltags, wie Nahrungszufuhr, Flüssigkeitszufuhr, Toilettengänge, Körperpflege usw., müssen dann von anderen für ihn erledigt werden, während seine tierischen Instinkte noch soweit funktionieren, um den physischen Körper am Leben zu erhalten.

Wir können in diesem fortschreitenden Prozess von der primären- über die sekundäre- bis zur tertiären Dissoziation erkennen, wie sich das ursprünglich formlose, geeinte Bewusstsein – oder die Seele – in immer kleiner werdende Strukturen und Formen aufspaltet und verfängt, bis schließlich in äußerster Zersplitterung und Finsternis eine Art Seelentod in einem noch lebenden Organismus eintritt.

Paradoxerweise führen wir diesen Seelentod in einem noch lebenden Organismus durch unsere immer weiter fortgeführte, nach außen gerichtete, Flucht vor dem unausweichlichen Ende oder unserem Untergang selbst herbei.

Die einzige Erlösung, die es dann noch gibt, ist der Tod des physischen Organismus, und damit auch der Restfragmente der Persönlichkeit mit den darin verhafteten Bewusstseinsfragmenten.

Im fortgeschrittenen Zustand der Dissoziation können wir aber den Tod weder wünschen noch wollen, weil uns nämlich die Fähigkeit des Erkennens und ein einheitlicher Wille abhandengekommen sind.

Sollte der Wunsch zu sterben dennoch geäußert werden, können wir davon ausgehen, dass er aus einem gerade aktiven, kleinen Restfragment der Persönlichkeit kommt und ihm im nächsten Moment durch ein anderes Fragment genauso widersprochen werden kann.

Wir durchlaufen so einen absteigenden Prozess, der zu einer immer weiteren Verkörperlichung und Aufspaltung des ursprünglich geeinten, formlosen Bewusstseins führt, bis wir unser Menschsein verlieren und einen Stück-für-Stück-Tod sterben. Ein solcher Tod ist sicherlich nicht würdevoll.

In spiritueller Hinsicht ist der Seelentod in diesem absteigenden Prozess die letzte Konsequenz des „gefallenen Menschen" oder des „Sündenfalls".

Hier bedeutet „Sünde" nicht das Begehen einer unmoralischen Handlung, sondern – auf der Stufe der primären Dissoziation – die rechtzeitige Umkehr verpasst zu haben.

Der Seelentod in der Zersplitterung wäre dann auch nicht eine „Strafe Gottes", sondern eine einfache Gesetzmäßigkeit, die dann eintritt, wenn wir einem nur nach außen gerichtetem Lebenswillen folgen, wodurch das ursprünglich geeinte Bewusstsein mehr und mehr fragmentiert wird.

Ausnahmslos alle echten spirituellen Lehren und Religionen ermutigen uns zu einer rechtzeitigen Umkehr, damit wir den nach außen gerichteten, immer enger und dunkler werdenden Pfad des Abstiegs in die Zersplitterung nicht bis zu Ende gehen müssen.

Sie lehren uns, dass dem Menschen im Unterschied zum Tier so viel Geist oder Bewusstsein, Intelligenz und Willen gegeben wurden, um einen nach innen gerichteten, aufsteigenden Weg, zurück zum Ursprung und zur Einheit zu gehen.

Erst wenn auf den Abstieg auch ein Aufstieg folgt, können wir einen für den Menschen artgerechten Lebenskreislauf zur Vollendung bringen und in Würde sterben. Ein solcher artgerechter Lebenskreislauf des Menschen besteht im Wesentlichen aus einer absteigenden Phase der Verkörperung bis zur primären Dissoziation, einer Phase der Erhaltung, und schließlich einer aufsteigenden Phase der Umkehr, der Vergeistigung und der Rückverbindung zum Ursprung.

Eine rechtzeitige Umkehr kann nur auf der Stufe der primären Dissoziation erfolgen, wenn die Persönlichkeit eine gewisse Autonomie und Festigkeit erlangt hat, um die Grundbedürfnisse des Lebens auf der allgemeinen Plattform zu sichern.

Umkehr heißt dann: sich dem leeren, inhaltlosen Bewusstsein zuzuwenden und dort einen Schwerpunkt zu schaffen, damit die durch den Zerfall der Persönlichkeit freiwerdenden Bewusstseinsanteile einen Sammelpunkt oder einen Zufluchtsort finden können, um sich darin zu vereinen.

Das so geeinte Bewusstsein kann dann im Augenblick des Todes als Ganzes in seinen Urgrund eingehen und sich auflösen.

Wenn wir im Laufe unseres Lebens einen Schwerpunkt im leeren, formlosen Bewusstsein schaffen können, haben wir Grund zur Hoffnung, dass wir das innere Elend der sekundären und tertiären Dissoziation nicht durchlaufen müssen.

Zudem entspricht die Hinwendung zum leeren, formlosen Bewusstsein einem schon zu Lebzeiten bewussten Vorwegnehmen des Untergangs der Persönlichkeit und damit, einer Auflösung der Furcht vor dem Tod.

Zusammenfassend können wir sagen:

Die Persönlichkeit neigt zur Zersplitterung und Fragmentierung. Bewusstsein neigt zur Verbindung und Einung.

Der Zerfall der Persönlichkeit leitet den Sterbeprozess ein. Dieser Prozess des Sterbens der Persönlichkeit kann sich über Minuten, Stunden, Tage, Wochen, Monate oder auch Jahre erstrecken.

Jeder Mensch muss diesen Prozess durchlaufen! Auch Du!

… Bist du darauf vorbereitet? … Und dann am Ende? …
… Nichts mehr, woran du dich halten könntest …
… Nichts mehr, was du verlieren könntest …
… Alles wird von dir abgefallen sein …
… Verklärung …

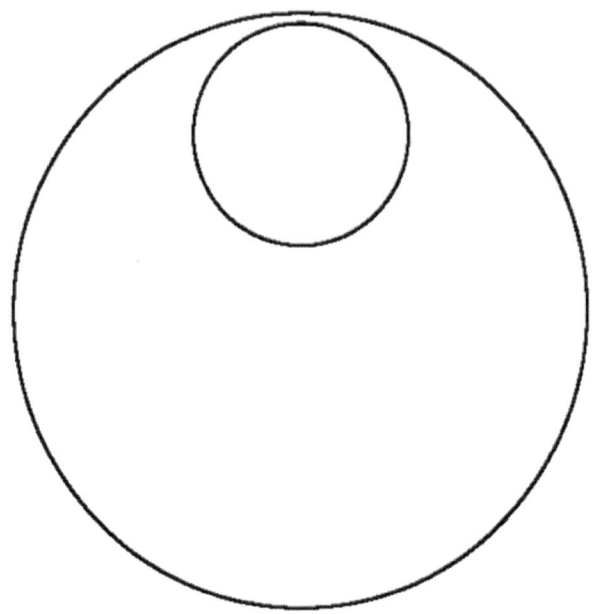

Abb. 10: Die Auflösung des gesammelten und geeinten Bewusstseins im Ganzen.

Von der „Unantastbarkeit"? der Menschenwürde

Würde: ... ein schweres Wort, schwer zu verstehen, schwer in seiner Bedeutung!

Dennoch ist es eines der Worte, welche wir oft achtlos benutzen, ohne je über deren Bedeutung nachgedacht zu haben.

Wir sagen zum Beispiel: „Die Würde des Menschen ist unantastbar." Was meinen wir denn damit? Meinen wir damit, dass seine Würde von allem, was immer er auch tun mag, unberührt bleibt, auch wenn er Menschenunwürdiges tut oder er seine Menschlichkeit verloren hat? Halten wir mit solchen Aussagen den selbstberuhigenden Glauben aufrecht, dass wir unser Menschsein und unsere Menschlichkeit niemals verlieren können? Ist es eine Floskel, die von Persönlichkeitskultfiguren in das Grundgesetz eingefügt wurde, um uns und sich selbst Glauben zu machen, wir würden schon von vornherein, ohne unser Zutun, von der Geburt bis zum Tod Menschenwürde besitzen? Oder ist es eine Aufforderung, anderen Menschen gegenüber respektvoll zu sein?

Und bräuchten wir eine solche Aufforderung überhaupt, wenn wir wirkliche Würde besäßen? Oder müssten wir vielmehr sagen: „Die Würde des Menschen ist unantastbar, sofern er überhaupt Menschenwürde besitzt"?

Besäße er sie nämlich nicht, wäre sie ebenfalls unantastbar, weil etwas Nichtvorhandenes eben auch nicht angetastet werden kann. Sie wäre dann rein imaginär. Wir müssen uns also fragen: Was ist Würde überhaupt? Und insbesondere, was ist Menschenwürde? Wenn wir das beantwortet haben, müssen wir uns auch noch fragen, ob wir sie auch wieder verlieren können, wenn wir sie einmal erlangt haben und ob wir wirkliche Menschenwürde bereits von Geburt an besitzen, oder ob wir sie erst erlangen müssen, um wirklich Mensch zu sein?

Im Rahmen seiner eigenen Natur besitzt jedes Lebewesen eine natürliche Würde, im Sinne von Daseinswert und dem Recht auf Unversehrtheit seiner eigenen Natur.

So besitzt nicht nur der Mensch, sondern auch jede Pflanze und jedes Tier gemäß seiner eigenen Natur seine natürliche Würde. Verliert ein Wesen den Kontakt zu seiner eigenen Natur oder wird es aus seiner natürlichen Umgebung herausgerissen, wird ihm damit auch seine naturgegebene Würde genommen. Und weil sie ihm genommen werden kann, ist sie auch antastbar.

Die Wesensnatur eines Tieres ist gegenüber der des Menschen relativ beschränkt. Deshalb kann ein Tier nicht anders, als immer authentisch zu sein, und deshalb kann es auch den Kontakt zu seiner Wesensnatur nicht verlieren. Es ist seine Wesensnatur: Eine Katze bleibt immer eine Katze, ein Pferd bleibt immer ein Pferd usw. Trotzdem können wir dem Tier seiner

Würde berauben, wenn wir es zum Beispiel in einem Zoo einsperren oder es quälen.

Beim Menschen hingegen stellt sich die Sache etwas komplexer dar:

„…Und Jesus sprach zu ihm: Die Füchse haben Gruben, und die Vögel unter dem Himmel haben Nester; aber der Menschensohn hat nichts, wo er sein Haupt hinlege." (Matthäus 8, 20)

Friedrich Nietzsches Zarathustra sagt: „Was groß ist am Menschen, das ist, daß er eine Brücke und kein Zweck ist: was geliebt werden kann am Menschen, das ist, daß er ein Übergang und ein Untergang ist."

Weil nämlich die wirkliche Wesensnatur des Menschen im leeren, ungeformten Bewusstsein liegt, kann er jedwede Form annehmen, sich damit identifizieren und die entsprechende Form als seine Identität annehmen.

Die Rangweite solcher Identitäten reicht vom vegetativen Organismus über tierische Instinkte, Triebe, allen möglichen Rollen des Soziallebens und der Persönlichkeit bis hin zu einem geeinten, allumfassenden, göttlichen Bewusstsein.

Aus dieser Tatsache heraus erklärt sich auch, dass wir in der Psyche des Menschen Verhaltensweisen verschiedenster Tierarten finden können, und dass sich der Mensch im Unterschied zum Tier sehr leicht von seiner wahren Wesensnatur und damit auch von seiner Menschenwürde entfernen kann.

Der Mensch kann seine wahre Wesensnatur, das heißt seine Authentizität verlieren und zu einer Identität werden, die mit seiner wahren Wesensnatur nichts mehr zu tun hat.

Er ist dann von seiner wahren Natur und seiner natürlichen Würde abgefallen. Das Wesen Mensch selbst und seine Würde pervertieren so zu einer künstlichen und unechten Erscheinung.

Ein Tummelplatz für solche unechten und künstlichen Erscheinungen ist der Persönlichkeitskult, in welchem jede Persönlichkeit zwar ihre künstliche „Identität" und künstliche „Würde" besitzt, aber die Authentizität des Menschen ist verloren gegangen, und damit auch seine echte Menschenwürde.

Weil der Mensch meist in eine Persönlichkeitskultur hineingeboren wird und daher auch nichts anderes, als diese kennt, beginnt er die Persönlichkeit für sein „wahres Wesen" zu halten.

Er erwirbt so neben seiner tierischen Natur auf der einen und seiner wahren Menschennatur auf der anderen Seite eine dritte Natur – oder Zwischennatur – mit einer falschen „Authentizität" und einer künstlichen „Menschenwürde".

Seine „Würde" entspricht dann eher der Würde eines Tieres, und, weil seine „Authentizität" falsch ist, besitzt er davon sogar weniger als ein Tier.

Im Folgenden werden wir sehen, dass echte Menschenwürde weit über die Würde eines Tieres oder die

„Würde" der Persönlichkeit hinausreicht und nur dem wirklichen Menschen, der mit seiner wahren Natur, nämlich dem leeren, formlosen Bewusstsein verbunden ist, eigen sein kann.

Echte Menschenwürde beinhaltet:

Aufrichtigkeit.

Wertschätzung.

Mitgefühl.

Selbstbestimmung.

Integrität.

Und letztendlich: Erhabenheit.

Wirkliche Menschenwürde kann daher nicht in der Persönlichkeit liegen, weil diese lediglich ein mechanisierter Anpassungsapparat an die Umwelt und an unsere soziale Umgebung ist.

Echte Menschenwürde kann nur im Bewusstsein liegen! Denn Aufrichtigkeit, Wertschätzung, Mitgefühl, Selbstbestimmung, Integrität und Erhabenheit sind nur im Bewusstsein möglich.

Dabei dürfen wir Aufrichtigkeit nicht mit einfältiger „Ehrlichkeit" der Persönlichkeit verwechseln, hinter der wir unseren Schwächen einen bejahenden Vorschub geben und eine „Ich will so bleiben, wie ich bin" Psychologie entwickeln.

Mit solch einer Psychologie stimmen wir nämlich unseren Schwächen zu, rechtfertigen sie, beugen uns ihnen, bringen zum Ausdruck, dass wir eben so sind, wie wir sind, und, dass wir „dazu stehen". Wir machen so unsere Persönlichkeit mit ihren Neigungen und Abneigungen unbeugsam. Diese Unbeugsamkeit nennen wir dann „Aufrichtigkeit".

Wirkliche Aufrichtigkeit hingegen findet nicht in der Persönlichkeit, sondern, außerhalb der Persönlichkeit, im Bewusstsein statt und steht immer in Beziehung zu unsrer wahren Wesensnatur, dem ungeformten Bewusstsein.

Aufrichtigkeit bedeutet dann und in erster Linie Ehrlichkeit und Wahrhaftigkeit uns selbst gegenüber. Es bedeutet zu erkennen, wenn wir uns selbst belügen und zu sein glauben, was wir nicht sind. Es bedeutet unsere Schwächen zu sehen, sie zu erleiden, zu ertragen und ihnen standzuhalten, ohne sie zu rechtfertigen.

Und nicht zuletzt bedeutet es auch, in unserer Wesensnatur, im Leeren Bewusstsein, den Widrigkeiten des Lebens und unserer Persönlichkeit gegenüber aufrecht zu stehen und, wenn diese uns beugen, uns auch immer wieder aufzurichten.

Wertschätzung dürfen wir nicht mit persönlichen oder kulturellen Werten verwechseln. Solche Werte können nämlich so unterschiedlich sein, dass ihre Bandbreiten von Perversionen bis hin zu Heldentaten reichen.

Wertschätzung bedeutet in unserem Zusammenhang, die Respektierung und Achtung des Daseins, einschließlich des Daseins anderer Wesen. Und weil das Dasein auch den Tod beinhaltet, bedeutet es auch die

Wertschätzung, Respektierung und Achtung des Todes!

Mitgefühl entspricht der Fähigkeit, sich in die Lage eines Anderen versetzen zu können. Wir sollten es nicht
mit Selbstmitleid verwechseln.

Selbstbestimmung dürfen wir, in diesem Zusammenhang, nicht mit persönlichem Eigenwillen verwechseln. Eigenwille gehört zur Persönlichkeit. Er entsteht
durch die Vorherrschaft einzelner Persönlichkeitsinhalte.
 Eigenwille entsteht aus Wünschen, Vorlieben und Abneigungen der Persönlichkeit, er ist durch die soziale
Umgebung sowie durch tierische Instinkte und Triebe
bedingt.
Wirkliche Selbstbestimmung hingegen ist bedingungs-
los!
Selbstbestimmung heißt: seiner Bestimmung zu folgen, sich auf die natürlichen, unumstößlichen Gegebenheiten des Daseins einzustimmen, sie zu wollen!
Und das bedeutet auch: Den Tod zu wollen, wenn die
Zeit dafür gekommen ist! Würdevolles Sterben ist in
dieser Hinsicht also nur möglich, wenn ein Mensch seinen Tod auch will!

Integrität bedeutet hier nicht ein Eingebundensein in
soziale Strukturen beruflicher, kultureller oder famili-
ärer Art. Dies gehört zur Persönlichkeit.

Integrität in Zusammenhang mit Würde bedeutet vielmehr, ein inneres, umfassendes Ganzsein, eine innere Individualität oder Unteilbarkeit zu besitzen.

Erhabenheit dürfen wir nicht mit Anmaßung oder Überheblichkeit verwechseln.

Anmaßung entsteht, wenn sich einzelne Persönlichkeitsinhalte verselbstständigen und sich anmaßen, über andere zu stehen, besser zu sein als andere. Erhabenheit bedeutet vielmehr, ein über dem Körper und über der Persönlichkeit stehen, ein inneres Losgelöstsein des Bewusstseins von Körper und Persönlichkeit!

Echte Menschenwürde beinhaltet all diese Tugenden. Besitzen wir diese Tugenden nicht, besitzen wir auch keine wahre Menschenwürde.

Wir können hier auch sehen, wie diese dem wirklichen Menschen zugehörenden Tugenden innerhalb der „Ich"-bewussten Persönlichkeit degradiert werden und sich in ihr Gegenteil wandeln:

Aufrichtigkeit wird zu falscher „Ehrlichkeit", hinter der wir unsere Schwächen verbergen.

Wertschätzung wird zur Wertung, zur Bewertung, zur Beurteilung und schließlich zur Verurteilung.

Mitgefühl wird zu Selbstmitleid, das zwar zu einer Art sentimentaler Fürsorglichkeit werden kann, aber mit wirklichem Mitgefühl nichts mehr zu tun hat.

Selbstbestimmung wird zum Eigensinn einzelner Vorlieben und Abneigungen der Persönlichkeit.

Integrität wird zum Eingebundensein in soziale Strukturen, in denen sich unser inneres Ganzsein in persönlichen Äußerlichkeiten verliert.

Erhabenheit wird innerhalb der Persönlichkeit zur Anmaßung, Arroganz und Überheblichkeit.

Schlussfolgernd können wir sagen:
Würde ist nicht sozial, sondern sie ist individuell, im Sinne von unteilbar, sie ist eine Eigenschaft unseres innersten Wesens und als solche unantastbar!
Echte Menschenwürde ist ein erstrebenswertes und hohes Gut, das nur wenige besitzen! Sie ist, wenn man so will, ein göttliches Attribut!
Wenn wir den Menschen als einen Übergang zwischen Tier und höherem Bewusstsein begreifen, dann können wir auch verstehen, dass er verschiedene Arten der Würde besitzen kann.
Liegt sein Hauptschwerpunkt im Bewusstsein, besitzt er echte Menschenwürde oder auch überpersönliche Würde.
Liegt sein Hauptschwerpunkt in der Persönlichkeit, besitzt er persönliche Würde oder, im Vergleich zur echten Menschenwürde, eine Scheinwürde. Sie kann der echten Menschenwürde ähneln, ist aber trotzdem nicht authentisch, weil sie gelernt oder anerzogen ist.

Persönliche Würde ist genauso dem Untergang geweiht wie seine Persönlichkeit.

Wenn er die Integrität seiner Persönlichkeit verloren hat und die tierischen Instinkte seines Körpers aber noch einigermaßen intakt sind, besitzt er noch die Würde eines Tieres.

Wenn auch seine tierischen Instinkte verloren sind, sodass er zum Beispiel seinen Kot oder den anderer nicht mehr von Nahrung unterscheiden kann, wenn er gegen Wände läuft usw. dann ist er unterhalb der Würde eines Tieres gefallen.

Letzteres soll aber nicht bedeuten, dass wir einem solchen Wesen gegenüber unmenschlich werden sollten und so von unserer eigenen Würde abfallen würden. Vielmehr sollten wir hier der Natur mitfühlend ihren Lauf lassen.

Ein Mensch kann seine Würde sehr leicht verlieren oder unterhalb seiner Würde fallen:

Wenn er sich durch den Einfluss der Persönlichkeitskultur von seiner eigenen Natur entfernt und diese vergisst.

Wenn er ein falsches Selbstbild erwirbt und er ganz den Neigungen seines tierischen Organismus und seiner Persönlichkeit verfällt

Wenn sich im Laufe seines Lebens Persönlichkeitsstrukturen durch Identifikation mit diesen so stark kristallisieren und verselbstständigen, dass sie um jeden Preis überleben wollen.

Wenn er dement wird und seine Integrität verliert.

Wenn medizinisches Spezialistentum einzelne Teile eines Menschen am Leben erhält, während andere sterben oder schon gestorben sind.

Ein Mensch kann aber seine verlorene Würde, wenn auch oft unter schwerem Leid, wiedergewinnen:

Wenn während seines Sterbeprozesses sein falsches Selbstbild zerbricht und er dabei sein Bewusstsein aufrechterhalten kann.

Wenn während seines Sterbeprozesses die kristallisierten Teile seiner Persönlichkeit dekristallisieren und einen Sammelpunkt im ungeformten Bewusstsein finden.

Wenn ihm medizinisch, pflegerisch und spirituell geholfen wird, als ganzer Mensch zu sterben.

Wenn er im Laufe seines Lebens lernt, seinen Schwerpunkt von der Persönlichkeit ins formlose Bewusstsein zu verlagern.

Manche Menschen können ihre Menschenwürde erst durch den Todeskampf in der letzten Phase ihres Sterbeprozesses wiedererlangen, wenn nach vollkommener Dekristallisation ihrer zuvor kristallisierten Persönlichkeitsstrukturen eine vollständige und bewusste Verklärung einsetzt.

Um dies zu verstehen, müssen wir wissen, dass der Todeskampf in der Endphase des Sterbeprozesses regelmäßig auftritt und wir ihn alle durchlaufen müssen. Er kommt im Wesentlichen durch die unserem Organismus inhärenten Mechanismen der Selbsterhaltung und durch die Auflösung der Identifikationen des Bewusstseins mit Teilen der Persönlichkeit und des physischen Organismus zustande. Er stellt eine Art Ablösungsphase dar, ähnlich wie wir sie bei unserer Geburt durchlebten, als wir mit ungeheurem Druck durch den Geburtskanal gepresst wurden und auf äußerste Anspannung, mit unserem ersten Atemzug und erstem Schrei, die Entspannung folgte. Und ebenso, wie sich der Geburtsprozess über kürzere oder längere Zeit erstrecken kann, kann sich auch der Todeskampf über einen kürzeren oder längeren Zeitraum erstrecken.

Wir können den Todeskampf als rückläufigen Prozess der Geburt betrachten:

Bei der Geburt tritt das Bewusstsein, das sich im Mutterleib verkörperte, in die Welt ein.

Im Todeskampf tritt es, am anderen Ende seines Lebensweges, wieder aus der Welt aus.

Beide Prozesse sind mehr oder weniger mit Qualen verbunden.

Während des Todeskampfes lösen sich die noch am Körper und an der Persönlichkeit haftende Fragmente des Bewusstseins ab, um sich im Formlosen zu sammeln.

Sobald dieser Prozess vollständig ist, tritt das ein, was wir Verklärung nennen. Das Bewusstsein ist klar und still geworden, es wird nicht mehr durch Inhalte oder Anhaftungen getrübt. Es folgt eine tiefe Entspannung und Gelöstheit, auch wenn Atmung und Herzschlag noch für einige Zeit weiter gehen. Wir können diesen Zustand an der gelösten Gesichtsmuskulatur und einer Ehrfurcht gebietenden, fast berührbaren Stille erkennen, die den Sterbenden umgibt.

Wird dieser Prozess der vollständigen Verklärung bewusst erlebt und haben sich alle Bewusstseinsfragmente komplett von Körper und Persönlichkeit gelöst, erlangt der Mensch auch seine echte Menschenwürde mit all den zugehörigen Tugenden, wieder:

Aufrichtigkeit, weil er mit seiner wahren Natur wieder authentisch geworden ist.

Wertschätzung, weil ihm das Wunder des Seins bewusst wird.

Mitgefühl, weil es eine Eigenschaft des geeinten Bewusstseins ist.

Selbstbestimmung, weil sich seine Bestimmung erfüllt hat, indem er mit seinem wahren Selbst stimmig geworden ist.

Integrität, weil er wieder zu einer Ganzheit geworden ist.

Erhabenheit, weil er sich, über Körper und Persönlichkeit, zu seiner wahren Natur erhoben hat.

Voraussetzung für solch einen wirklich menschenwürdigen Tod, ist die Aufrechterhaltung des Bewusstseins währen des Todeskampfes, damit die noch an Persönlichkeit und Körper haftenden Bewusstseinsfragmente einen Sammelpunkt im Ungeformten finden, und, damit sie sich vollständig von ihrer Haftung an Körper und Form lösen können. Ansonsten bleibt die Verklärung unvollständig, weil sie von ungelösten Anhaftungen getrübt wird.

Das Ausmaß der Qualen während des Todeskampfes ist von der Stärke der Anhaftung des Bewusstseins an Formen abhängig, an Dinge, die noch erledigt werden müssten, aber nicht mehr erledigt werden können, an Gewissenskonflikten, an zurückbleibende Personen, an Instinkten der Selbsterhaltung und an Strukturen der Persönlichkeit. Die daraus entstehenden Qualen können so unerträglich werden, dass der Mensch im Todeskampf das Bewusstsein verliert und einen unbewussten Tod stirbt.

Weil es dann keinen Schwerpunkt oder kein Gravitationsfeld im formlosen Bewusstsein gibt, bleiben Bewusstseinsteile ungelöst an ihren Anhaftungsobjekten hängen, während der Sterbeprozess unaufhaltsam fortschreitet, bis schließlich der Tod eintritt, ohne dass es zu einer vollständigen Verklärung kommt.

Der Mensch stirbt dann ungelöst in einem Zustand innerer Anspannung und der Todeskampf setzt sich bis zum letzten Atemzug fort.

Bei manchen Menschen können wir dann auch nach Eintritt des Todes noch einen leidvollen Gesichtsausdruck erkennen, und den toten Körper umgibt eine spürbare Atmosphäre der Seelenqual und Trauer. Dies als würdevoll zu bezeichnen, wäre eine Verkennung der Tatsachen.

An dieser Stelle stellt sich die Frage: was geschieht mit den nicht abgelösten Bewusstseins- oder Seelenteilen,

126

wenn der Körper, und mit ihm die Persönlichkeit gestorben ist?

Wenn wir annehmen, dass Bewusstsein, so wie wir es in tiefer Meditation erfahren können, etwas Zeitloses oder außerhalb der Zeit liegendes ist, dann ist es durchaus vorstellbar, dass ungelöste Bewusstseinsteile, wenn ihnen ihre Form durch den Tod des Körpers und der Persönlichkeit weggenommen wird, zu einer Art Schemen werden, die danach trachten, sich wieder zu verkörpern, und nach dem Prinzip „Gleich und Gleich gesellt sich gern" in einen neuen Mutterleib eingehen, um in einem Embryo eine neue Verkörperung anzunehmen.

All das wirft Fragen auf, die hauptsächlich an die Vertreter der todesverneinenden Persönlichkeitskultur gerichtet sind:

Gibt es denn überhaupt eine Lebensqualität für ein zersplittertes oder schon zum Teil verstorbenes Wesen?

Ist es denn würdevoll, in einem fast schon funktionsunfähigen Organismus mit einer fragmentierten Persönlichkeit verweilen zu müssen?

Ist es würdevoll, in zwanghaft sich wiederholenden Emotions- und Gedankenmustern gefangen zu sein?

Welchen Grund gibt es denn, einen solchen Zustand mit allen zur Verfügung stehenden Mitteln aufrechtzuerhalten, wenn die Seele „unsterblich" ist?

Oder welchen Grund gibt es denn, wenn die Seele „sterblich" ist?

Ist es würdevoll, alle möglichen Verrichtungen einschließlich der Ausräumung des Enddarms, außer Atmen und Verdauen, von anderen durchführen zu lassen?

Warum ist es denn ein Problem, einigen einzelnen, übrig gebliebenen Fragmenten eines Organismus ihr natürliches Ende zuzugestehen, wenn „das Ganze mehr als die Summe seiner Teile" ist?

Wo liegt denn das Problem, einem degenerierenden Organismus mangelnden Appetit und gelegentlich auch eine drastische Gewichtsabnahme zuzugestehen?

Glauben wir ernsthaft, dass wir einem dementen Menschen, der seine Integrität verloren hat, seine Würde wieder geben können, wenn wir ihn, wie es in der heutigen Altenpflegepraxis üblich ist, vor nett garnierten Gourmetspeisen setzen, mit denen er gar nichts anzufangen weiß, ihn von morgens bis abends beschäftigen, ihn zur Teilnahme an kulturellen Veranstaltungen überreden, seine tägliche Trink- und Nahrungsmenge messen, kurz: wenn wir ihn mit einem Rundum-sorglos-Paket versorgen? Oder vollführen wir diesen ganzen Mummenschanz zu unserer eigenen Selbstberuhigung?

Verursachen wir dadurch, dass wir versuchen unvermeidliches Leid zu verhindern, ein noch größeres und längeres Leid?

Entstehen vielleicht ein Großteil solcher Probleme und ein Großteil menschlichen Leidens durch die in unserer Gesellschaft praktizierten Persönlichkeitskultur,

welche die Persönlichkeit als den Menschen selbst an-
sieht und auf einem illusionären System von Ichhaf-
tigkeit beruht?
Wer ist denn Herr Y??? Wer ist denn Frau X???

Was ist Leben?

Leben ist Bewegung, Austausch von Stoffen, Aufbau und Abbau, Regeneration und Degeneration, Formung und Auflösung, Aufgang und Untergang, Einatmen und Ausatmen. Leben ist ständiger Wandel.

Formen wandeln sich, Organismen wandeln sich, Gedanken wandeln sich, Gefühle wandeln sich. Aber formloses Bewusstsein wandelt sich nicht. Es war vor unserer Geburt das Gleiche und es wird nach unserem Tod auch das Gleiche sein. Es ist immer da. Es ist der formlose Hintergrund, vor dem sich unser geformtes Leben abspielt. Es liegt außerhalb der Zeit, ist etwas Zeitloses, das sich in Formen kleidet und diese beseelt. Es ist das Sein in der Form. Denn ständig sich wandelnde Form allein besitzt kein Sein, weil sie im nächsten Moment schon nicht mehr das ist, was sie vorher war.

Als Menschen sind wir Träger dieses zeitlosen Bewusstseins, und wenn wir keinen Zugang dazu finden, haben wir sowohl unser Leben, unser Sein als auch unsere Bestimmung verpasst.

Wir können an dieser Stelle den Menschen als Träger des zeitlosen Bewusstseins auch als Brückenglied zwischen belebter Materie und höherem Bewusstsein begreifen – und verstehen, dass seine Bestimmung darin besteht, die Kluft zwischen geformtem und ungeformtem Bewusstsein auszufüllen, wodurch geformtes Bewusstsein wieder in seinen ursprünglichen Zustand der Formlosigkeit zurückkehren kann. Diese Bestimmung kann ein Mensch aber nur dann erfüllen, wenn er innerlich einen Kontakt – zum Beispiel durch Meditation – zum formlosen Bewusstsein herstellt und dort einen Schwerpunkt schafft.

Mit der Erfüllung seiner Bestimmung erlangt er dann auch wirkliches Leben und wirkliches Sein.

Erfüllt er diese Bestimmung nicht, bleibt das ursprünglich formlose Bewusstsein an Formen gebunden und kann seinen Lebenskreislauf nicht vollenden, wodurch auch der Mensch unvollendet und mehr oder weniger ein höheres Tier bleibt.

Leben gleicht einem unendlichen Ozean, aus dem unendlich viele große Wellen hervorgehen. Jede einzelne dieser großen Wellen birgt in sich eine unzählige Anzahl kleinerer Wellen, welche in sich wiederum noch kleinere bergen, und so weiter, bis hinab zum einzelnen Atom. Und all das ist in ständiger Bewegung, ändert ständig seine Form, ist in ständigem Wandel.

In diesem unermesslichen Ozean des Lebens gleichen die gesamte Menschheit einer kleineren Welle und der einzelne Mensch einem mikroskopisch kleinen Tröpfchen dieser Welle.

Weil ständiger Wandel ständige Veränderung der Form bedeutet, muss im Prozess der Veränderung immer eine Form zugunsten einer anderen Form sterben. Folglich ist Leben ohne Tod gar nicht möglich.

Der von der Persönlichkeitskultur geprägte Mensch hält in diesem Prozess des Lebenswandels an seiner

Persönlichkeit fest, als wolle er die äußere, momentane und flüchtige Form einer Welle festhalten.

Weil aber jede Welle ständig ihre Form verändert und unausweichlich wieder in den Ozean zurückkehrt, wo sich ihre Form auflöst, bereitet ihm das große Schwierigkeiten. Er versucht dann diese Schwierigkeiten zu umgehen, indem er die Welle „fotografiert", sich eine Momentaufnahme von ihr macht und an dieser festhält.

Doch diese Momentaufnahme ist weder die Welle noch der Ozean noch das Leben.

Während seines gesamten Lebens schafft er sich aus seiner Persönlichkeit und seinen Rollen ein Selbstbild. Er schmückt es aus, verziert es mit einem goldenen Rahmen, und während er damit beschäftigt ist, es immer wieder neu aufzurichten, brausen die Wellen des Lebens unbemerkt an ihm vorbei.

Er ist so sehr mit der Erhaltung dieses Bildes von sich selbst beschäftigt, dass er weder das Tosen der Wellen hört, noch den Ozean sieht, aus dem er hervorgegangen ist. Nur zuletzt, wenn sein Untergang naht, wenn seine Kräfte nachlassen und eine größere Welle ihn erfasst, um ihn in den Ozean zurückzureißen, dann ist er erschüttert. Dann beginnt er sich immer mehr an sein Selbstbild, an seine Persönlichkeit und an bestimmte Rollen zu klammern.

Dabei wird er von Angehörigen, Freunden, Bekannten, Medizinern, Psychologen und denen, die ihn eventuell pflegen, fleißig unterstützt, bis er der Gegenwirkung dieser Kräfte unterliegt und er in Stücke zerrissen wird.

Dann stehen alle Beteiligten hilflos vor einem fragmentierten Wesen, welches sie „dement" nennen.

Wirkliche zu leben entspricht einem mit der Welle sein, ihr weder hinterherzuhinken, noch ihr vorauszueilen.

Das Bewusstsein ist dabei weder auf die Vergangenheit noch auf die Zukunft oder auf ein Selbstbild fixiert und spiegelt lediglich das Hier und Jetzt wider.

Den Sterbeprozess eines Menschen können wir dann so verstehen, dass das in der Persönlichkeit, in Rollen und in Selbstbildern verhaftete Bewusstsein aus der linearen Zeit, die sich von der Vergangenheit in die Zukunft erstreckt, wieder ins Hier und Jetzt, in eine andere Dimension der Zeit oder in die Ewigkeit hineingezogen wird, wo es keine Vergangenheit und keine Zukunft gibt, wo es wieder in den „Ozean", aus dem es hervorgegangen ist, zurückkehrt.

Dieser Prozess ist, je nachdem wie stark ein Mensch mit der Vergangenheit, der Zukunft oder mit seiner Persönlichkeit und seinen Rollen verhaftet ist, mit geringerem oder größerem, aber auch kürzerem oder längerem Leid verbunden.

Weil aber das Leben in sich wandelnden Formen unausweichlich mit Anhaftungen des Bewusstseins verbunden ist, ist auch ein gewisses Maß an unumgänglichen Leiden und Qualen untrennbar mit dem Leben verbunden.

Das bedeutet auch: Sobald wir unumgängliches Leid zu meiden suchen, suchen wir auch das Leben zu meiden.

Denn für den Menschen bedeutet wirklich zu leben, im Wandel der Formen bewusst zu Sein!

Wann zuletzt in deinem Leben hast du denn wirklich bemerkt, dass du bist???

Alle Momente zusammengenommen, in denen du es bemerkt hast, sind Dein Leben!

Alle Momente, in denen du es nicht bemerkt hast, sind dein verpasstes Leben!

In spiritueller Hinsicht ist der gewöhnliche, auf der allgemeinen Plattform lebende Mensch, da er sich des Wandels meist nicht bewusst ist und auch noch kein wirkliches Sein besitzt, noch nicht zum Leben erwacht. Sein Schwerpunkt liegt nicht im Bewusstsein, sondern in seiner Persönlichkeit.

Im Evangelium nach Matthäus heißt es zum Beispiel: „Als aber Jesus die Menge um sich sah, befahl er, hinüber ans andre Ufer zu fahren. Und es trat ein Schriftgelehrter herzu und sprach zu ihm: Meister, ich will dir folgen, wohin du gehst.

Jesus sagt zu ihm: Die Füchse haben Gruben, und die Vögel unter dem Himmel haben Nester; aber der Menschensohn hat nichts, wo er sein Haupt hinlege. Und ein anderer unter den Jüngern sprach zu ihm: Herr, erlaube mir, dass ich zuvor hingehe und meinen Vaterbegrabe. Aber Jesus spricht zu ihm: Folge du mir, und lass die Toten ihre Toten begraben!" (Matthäus 8, 18-22)

„...Als aber Jesus die Menge um sich sah, befahl er, hinüber ans andre Ufer zu fahren.":
Der Mensch der Menge ist der Mensch der allgemeinen Plattform, der in vorgegebenen Traditionen in einer Art Halbschlaf dahintreibt. Er versteht nichts von spirituellen Dingen. Wenn er spirituelle Wahrheiten hört, weiß er entweder nichts damit anzufangen oder er verändert sie so, dass sie seinem Lebensstil und seiner Tradition nicht in die Quere kommen. Sein „Interesse" für spirituelle Dinge entspringt nicht der Erkenntnis seiner wahren Situation und einem daraus entstandenen tiefen Herzenswunsch nach Befreiung, sondern einer rein oberflächlichen Neugier. Deshalb: „... befahl er, hinüber ans andre Ufer zu fahren.“... Eine Aufforderung, uns zum anderen Ufer zu begeben, das heißt, zur spirituellen Plattform überzuwechseln.

„...Und es trat ein Schriftgelehrter herzu und sprach zu ihm: Meister, ich will dir folgen, wohin du gehst.":
Der Schriftgelehrte gehört zur Elite der allgemeinen Plattform. Er hebt sich von der großen Menge nur dadurch ab, dass er sich, durch das Studium geschriebener Worte ein größeres „Wissen" angeeignet hat. Unsere Universitäten sind voll mit solchen Leuten, die durch geschriebene Worte Unmengen an „Wissen" in sich anhäufen, um, wie sie es nennen, sich zu „bilden". Mag sein, dass sie sich zu starken Persönlichkeiten heranbilden, zu „Experten" auf ihrem Gebiet werden. Sie mögen noch so viel „Wissen" aus geschriebenen Worten angehäuft haben, sie mögen „Format" haben,

aber wirkliches Sein besitzen sie deshalb noch lange nicht.

Ihr „Wissen" bleibt rein intellektuell, nicht aus dem Leben gelernt, sondern aus geschriebenen Buchstaben. Akademiker, Theoretiker und Hypothetiker gehören in das Resort der Schriftgelehrten. Weit vom wirklichen Leben entfernt, dienen sie der allgemeinen Plattform des Lebens und der Persönlichkeitskultur.

Das „Meister, ich will dir folgen, wohin du gehst", kommt aus intellektuellen Erwägungen. Vielleicht um noch mehr „Wissen" anzuhäufen, oder die Persönlichkeit noch mehr auszuschmücken.

Der Schriftgelehrte hält sich an Begrifflichkeiten fest. Er sucht Sicherheit in Begrifflichkeiten, in Gedankengebäuden, in äußeren Formen und Formalitäten.

Deshalb die Antwort: „Die Füchse haben Gruben, und die Vögel unter dem Himmel haben Nester; aber der Menschensohn hat nichts, wo er sein Haupt hinlege." Der Schriftgelehrte ist noch nicht bereit, die allgemeine Plattform und die Persönlichkeitskultur innerlich zu verlassen und ans „andere Ufer", zur spirituellen Plattform, überzuwechseln. Deshalb auch: „… ich will dir folgen …", anstatt, „ich folge dir…!"

Die Persönlichkeit, Formen und Formalitäten sind seine Grube, in der er sich versteckt. Gedankengebäude und Begrifflichkeiten sind sein Nest, in welchem er sich niederlässt.

Der „Menschensohn" bezeichnet das formlose Bewusstsein, in welchem es weder Begrifflichkeiten noch

Formalitäten gibt, an denen man sich halten könnte –
„... hat nichts, wo er sein Haupt hinlege".

„...Und ein anderer unter den Jüngern sprach zu ihm:
Herr, erlaube mir, dass ich zuvor hingehe und meinen
Vater begrabe.

Aber Jesus spricht zu ihm: Folge du mir, und lass die
Toten ihre Toten begraben!":

Der Jünger lebt am Übergang zwischen allgemeiner
und spiritueller Plattform, zwischen Persönlichkeit
und formlosem Bewusstsein, sucht sein wahres Wesen. Für ihn gibt es kein „... ich will dir folgen ...", sondern die Nachfolge steht außer Frage: „... Herr, erlaube
mir, dass ich zuvor hingehe ...". Er ist innerlich ent-
schlossen, aber noch nicht vollständig von der allgemeinen Plattform und deren Formalitäten gelöst.

„... Folge du mir, und lass die Toten ihre Toten begraben!" heißt dann: Du bist für den Übergang bereit, bli-
cke nicht zurück, der Mensch der allgemeinen Plattform ist tot. Das wirkliche Leben befindet sich am anderen Ufer im ungeformten Bewusstsein.

Der natürliche Lebenskreislauf des Menschen

Um den natürlichen Lebenskreislauf des Menschen zu verstehen, müssen wir auch verstehen, an welcher Stelle innerhalb anderer Lebenskreisläufe sich das Leben des Menschen vollzieht.

Das Leben jedweder Form vollzieht sich in Kreisläufen. Die entsprechenden Lebensformen gehen aus einem Urgrund hervor, wachsen bis zur Reife, bleiben dann für eine gewisse Zeit, im Gleichgewicht zwischen Wachstum und Degeneration, erhalten, um schließlich wieder zu degenerieren und in ihre elementaren Bestandteile zu zerfallen.

Dabei sind in größere Lebenskreisläufe kleinere eingebettet, und in den kleineren wiederum noch kleinere. Die größeren besitzen längere Lebenszeiten, die kleineren kürzere:

So ist in unserer Galaxie unsere Sonne eingebettet, in den Orbit der Sonne unser Planetensystem und darin unser Planet Erde mit dem Mond. Zwischen Erde und Mond ist das gesamte organische Leben eingebettet, das sich auf unserem Planeten abspielt.

Während wir von der Galaxie bis zum Mond eine Abwärtsentwicklung von größeren zu kleineren Einheiten erkennen können, sehen wir im organischen Leben auf der Erde eine Aufwärtsentwicklung von kleineren zu größeren organisierten Lebenseinheiten. Nämlich von Einzellern zu Mehrzellern, zu Organismen und zu

Gattungen, an deren oberen Ende die Gattung Mensch steht.

Damit aber Materie sich organisieren kann, benötigt es eine organisierende Kraft, die schon vor der Organisation vorhanden sein muss.

Die organisierende Kraft des Lebens auf unserem Planeten wollen wir hier als das ursprünglich ungeformte Bewusstsein bezeichnen, das durch die Verdichtung der Materie Form angenommen hat, in materielle Strukturen eingeschlossen wurde und hier als aktive organisierende Kraft seine Wirkung in der Aufwärtsentwicklung des Lebens zeigt.

In der Aufwärtsentwicklung des organisierten Lebens sehen wir, dass die höheren Organismen den niedrigeren gegenüber mehr Intelligenz und damit auch mehr freies Bewusstsein besitzen.

Wir können daraus den begründeten Schluss ziehen, dass sich das in materiellen Strukturen eingeschlossene, ursprünglich ungeformte Bewusstsein in der Aufwärtsentwicklung des organisierten Lebens auf dem Rückweg zu seinem ursprünglichen Zustand der Formlosigkeit befindet, um seinen Lebenskreislauf, der sich in der Formung und der Wiederauflösung von materiellen Strukturen manifestiert, zu vollenden.

Weil der Mensch in der aufsteigenden Entwicklung des organisierten Lebens an oberster Stelle oder am Übergang zwischen Tierwelt und ungeformtem Bewusstsein steht, trägt er sowohl die Natur eines Tieres als auch einen Funken ungeformtes Bewusstsein oder eine Seele in sich. Daraus können wir Rückschlüsse auf das ziehen, was seine Funktion und was seine Bestimmung ist, und was es bedeutet, seinen Lebenskreislauf zu vollenden:

Seine Funktion besteht dann darin, die Lücke zwischen der Tierwelt und dem ungeformten Bewusstsein auszufüllen, während seine Bestimmung darin besteht, geformtes oder verkörpertes Bewusstsein in seinen ursprünglichen, formlosen Zustand überzuleiten. Indem er diese Bestimmung erfüllt, vollendet er seinen Lebenskreislauf.

Die Tatsache, dass der Mensch einen größeren Anteil an freiem Bewusstsein in sich trägt, als ein Tier, erklärt die große Komplexität seiner Psyche und auch sein Potenzial, im Laufe seines Lebens einen Schwerpunkt im formlosen Bewusstsein schaffen zu können, wodurch er seine Bestimmung erfüllen und seinen Lebenskreislauf vollenden kann.

Kann er diesen Schwerpunkt im Formlosen aber nicht schaffen, bleiben die in seiner Psyche gebundenen Bewusstseinsteile ungelöst und finden sich dann immer wieder in neuen Lebenskreisläufen mit neuen Körpern und neuen Verstrickungen. Sein Lebenskreislauf kann dann nicht ganz vollendet, sondern immer nur beendet werden, um anschließend auch wieder von Neuem zu beginnen.

Mit dieser Feststellung ist keine Wiedergeburt der Persönlichkeit gemeint, sondern lediglich eine Wiederholung gleicher psychischer Muster in neuen, aufeinanderfolgenden, menschlichen Lebenskreisläufen. Dadurch kann ein Mensch zwar seine Funktion am oberen Ende des organisierten Lebens erfüllen, nicht aber seine Bestimmung, die in der vollständigen Auflösung seine Psyche im formlosen Bewusstsein besteht.

Hieraus wird aber auch klar, dass nicht alle Menschen ihre Bestimmung erfüllen können, weil es sonst oberhalb der Tierwelt keine Lücken füllenden Lebenskreisläufe mehr geben würde, wodurch der größere Lebenskreislauf des Bewusstseins unterbrochen würde. Aber der Lebenskreislauf des Bewusstseins würde auch dann unterbrochen werden, wenn es keine Menschen mehr gäbe, die ihre Bestimmung erfüllen.

Wenn wir in diesem Zusammenhang in Betracht ziehen, dass die kleineren Lebenskreisläufe Ähnlichkeiten mit übergeordneten, größeren Kreisläufen aufweisen, dann können wir es durchaus wagen, den Lebenskreislauf der Menschheit insgesamt, mit dem Lebenskreislauf von Spermatozoen zu vergleichen:

Bei einer Ejakulation werden einige Hundertmillionen Spermazellen freigesetzt, aber nur eine Einzige davon kann ihre Bestimmung, eine Eizelle zu befruchten, erfüllen. Die übrigen gehen auf dem Weg zur Eizelle verloren, erfüllen aber trotzdem eine Funktion, weil ohne eine gewisse Mindestmenge die einzelne Zelle gar nicht an ihrem Ziel ankommen könnte. „...Denn viele sind berufen, aber wenige sind auserwählt." (Matthäus 22, 14)

Trotzdem können wir aber die Hoffnung hegen, dass sowohl das innere als auch das äußere Elend des

Menschen gemildert werden kann, wenn er sich sowohl seiner Funktion als auch seiner Bestimmung innerhalb größerer Lebenskreisläufe bewusstwird und er erkennt, dass er nicht mehr und nicht weniger als ein Bediensteter der Natur ist.

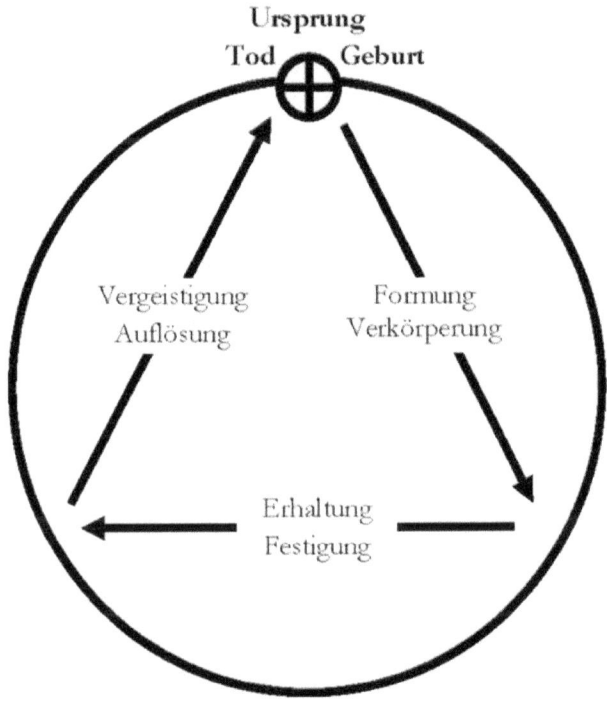

Abb. 11: Schematische Darstellung eines Lebenskreislaufs des Menschen

Das innere Dreieck stellt die drei Hauptphasen des Lebens eines Menschen dar. Der äußere Kreis bezeichnet die lineare Zeit eines Menschenlebens von der Geburt bis zum Tod. Der kleine Kreis mit dem Kreuz in der Mitte bezeichnet den Ursprung, in welchem sich die Ewigkeit mit der linearen Zeit kreuzt, oder den Punkt, wo sich Geburt und Tod vereinen. Es ist der Ort des ursprünglichen Bewusstseins.

Die erste Phase eines natürlichen menschlichen Lebenskreislaufes beginnt mit der Verschmelzung von Samen und Eizelle, setzt sich mit der Formung eines menschlichen Körpers, dessen Geburt, sowie weiteren Wachstums- und Lernprozessen fort und endet mit einem ausgereiften, relativ autonomen menschlichen Organismus, der mit einer Persönlichkeit, psychischen Funktionen und einem Funken ungeformten Bewusstseins ausgestattet ist

In dieser ersten Phase steht die Verkörperung des Bewusstseins im Vordergrund. Verkörperung bedeutet hier, dass das Bewusstsein Form annimmt, indem es sich mit einem Körper, psychischen Funktionen und einer Persönlichkeit bekleidet oder umgibt und so stark mit diesen verschmilzt, dass es kaum noch davon unterschieden werden kann. Das Bewusstsein wird dabei zu einer organischen Funktionseinheit, die es „Ich" nennt. Es wird zur Form Mensch.

Die zweite Phase besteht vorwiegend in der Aufrechterhaltung und Stabilisierung der gebildeten Funktionseinheit.

In dieser Phase beginnt der Mensch mithilfe seiner

143

erworbenen Fähigkeiten, seinen Lebensunterhalt sowie den seiner Nachkommen zu sichern und in einem sozialen Umfeld Fuß zu fassen. Sobald sich die entsprechenden Strukturen gefestigt haben und er sich keine größeren Sorgen mehr um den Unterhalt seiner selbst oder den seiner Nachkommen zu machen braucht, hat er wieder ein gewisses Maß an freiem Bewusstsein zur Verfügung.

Wenn dann das Eingebundensein in eine Persönlichkeitskultur seine Intelligenz noch nicht vollständig zerstört hat, wird er anfangen, sich Gedanken über den Sinn und Zweck seines Daseins zu machen. Er wird seine, nur dem Menschen eigene vorausschauende Fähigkeit benutzen und einen Blick auf sein unumgängliches Ende werfen. Die Erkenntnis, dass er eine vorübergehende Erscheinung ist, wird ihn dann veranlassen nach etwas Dauerhaftem Ausschau zu halten und sich auf sein innerstes Wesen, das ungeformte Bewusstsein zu besinnen. Sein bisher vorwiegend nach außen gerichtetes Leben wird sich umkehren und mehr nach innen richten.

Dieser Prozess wird einen Sammelpunkt in seinem Inneren bilden und ihm den Übergang in die nächste und letzte Phase seines Lebenskreislaufs, der Phase der Degeneration oder Auflösung erleichtern.

In der letzten Phase des natürlichen Lebenskreislaufes eines Menschen stehen die Degeneration des physischen Organismus und die Vergeistigung oder Verklärung des Bewusstseins im Vordergrund, was auch mit

144

einem innerlichen Rückzug aus der Welt verbunden ist.

Vergeistigung oder Verklärung bedeutet, dass das Bewusstsein von den hinterlassenen Spuren des Körpers, der Persönlichkeit und des Lebens wieder gesäubert oder geklärt (verklärt) wird, um ins Zeit- und Formlose überzugehen.

Während der Organismus zu degenerieren beginnt, um am Ende in seine elementaren Bestandteile zu zerfallen, wird der Mensch, im Idealfall, einen Sammel- und Schwerpunkt im formlosen Bewusstsein geschaffen haben, von wo aus er das Geschehen beobachten kann, um schließlich mit einem letzten Ausatmen als Ganzheit einen würdevollen Tod sterben.

Der Mensch kann aber auch aufgrund seiner Labilität sehr leicht aus seinem natürlichen Lebenskreislauf herausfallen und in einen unnatürlichen überwechseln. Dabei stellt der Übergang von der Erhaltungsphase zur Phase der Vergeistigung den kritischsten Punkt dar.

So kann ein Mensch, von der Persönlichkeitskultur geprägt, zum Beispiel durch abnorme Gier und Habsucht oder starker Identifikation mit seiner Persönlichkeit in der Erhaltungsphase seines Lebenskreislaufs hängen bleiben und die Grenze seiner natürlichen Lebensbahn überschreiten. Aus seiner natürlichen Lebensbahn geworfen, kann er dann weder einen natürlichen, noch einen menschenwürdigen Tod sterben.

Schematisch stellt sich dieser Vorgang so dar, dass die

Linie der Erhaltungsphase den Kreis am Übergang zur Vergeistigungsphase durchbricht. Abb. 12

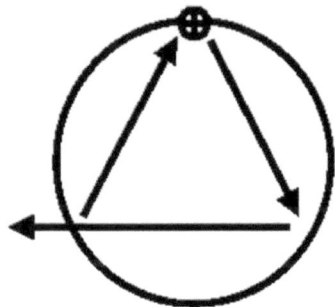

Abb. 12: Außerhalb des natürlichen Lebenskreislaufs treffen dann die früher oder später einsetzenden Degenerationsprozesse, Krankheiten und schließlich der Tod, den Menschen unvorbereitet.

Seltsamerweise bereitet sich der Mensch der Persönlichkeitskultur im Laufe seines Lebens auf Prüfungen, Gespräche, Verabredungen, Veranstaltungen und alles Mögliche vor. Nur auf den wichtigsten Moment seines Lebens, auf seinen eigenen Tod, bereitet er sich nicht vor. Als ob er Scheuklappen vor seinen Augen hätte, trottet er dahin und bemerkt nicht, dass der Weg immer enger und dunkler wird, dass er am Ende dieses Weges vor einem Abgrund stehen und es dann auch kein Zurück mehr geben wird.

Manche Menschen werden aber auch, während sie sich noch innerhalb ihres natürlichen Lebenskreislaufs befinden, von einer tödlichen Krankheit heimgesucht

146

und mehr oder weniger gezwungen, sich mit ihrem eigenen Tod und Untergang zu arrangieren oder sich darauf vorzubereiten. Ob eine solche tödliche Krankheit nun ein Glück oder Unglück ist, sei dahingestellt. Jedenfalls wird es darauf ankommen, inwieweit der betroffene Mensch, nach Überwindung des ersten Schocks Zugang zu seinem ungeformten Bewusstsein findet.

Wenn ein solcher Mensch sich nicht schon vorher mit wirklichen spirituellen Dingen befasst hat, nun aber Interesse daran zeigt, dann kann ihm nur jemand den Weg dorthin weisen, der für sich selbst schon einen Zugang zum ungeformten Bewusstsein gefunden hat. Ansonsten werden die von der Persönlichkeitskultur geprägten Mediziner ihre Arbeit tun und durch standardisierte Therapieverfahren retten, was zu retten ist.

Hat ein Mensch aber einen Zugang zu seinem ungeformten Bewusstsein gefunden, wird er wissen oder zumindest erahnen, wo die Reise hingeht und innerhalb seines natürlichen Lebenskreislaufs bleiben.

Er wird sich dann nicht unhinterfragt einer „Erhalten um jeden Preis Medizin" hingeben, sondern für sich selbst entscheiden, was er zulässt und was er nicht zulässt. Er wird wissen, ab wann das Ganze menschenunwürdig wird.

Über die Lebensqualität

Es kann zwischen einer äußeren und einer inneren Lebensqualität des Menschen unterschieden werden:
Die äußere Lebensqualität wird von den politischen Verhältnissen, den wirtschaftlichen Verhältnissen, den sozialen Umständen, den kulturellen Gegebenheiten, der körperlichen Gesundheit und den zur Verfügung stehenden finanziellen Mitteln des Einzelnen bestimmt.

Äußere Lebensqualität bedeutet die Verfügbarkeit von Dingen zur Erfüllung von Grundbedürfnissen wie Körperpflege, Nahrung, Kleidung, medizinischer Versorgung usw., sowie zur Befriedigung von Interessen und Wünschen, seien sie sozialer, kultureller, künstlerischer, literarischer oder sinnlicher Natur.

Ein Mensch kann aber in den günstigsten äußeren Umständen die miserabelste und schrecklichste innere Lebensqualität besitzen, wenn sein Innenleben nicht in Ordnung ist. Innerhalb unserer Wohlstands- und Persönlichkeitskultur finden wir solche Menschen massenweise. Ihr Hauptaugenmerk liegt auf der äußeren Lebensqualität. Sie leben zwar im Überfluss wie die „Maden im Speck", doch wenn wir näher hinsehen, können wir sehen, wie sie von einem Ereignis zum nächsten durchs Leben hasten, als seien sie auf der Flucht. In ihren sorgenvollen Gesichtern können wir ihr inneres Unglück erahnen.

Weil der innere Schwerpunkt solcher Menschen in ihrer Persönlichkeit liegt, bedeutet Lebensqualität für sie lediglich die Erfüllung von persönlichen Wünschen und Interessen. Ihre „Lebensqualität" ist dann von äußeren Umständen abhängig und ebenso vorübergehend wie ihre Persönlichkeit.

Diese Art der Lebensqualität kann nur von einzelnen Teilen der Persönlichkeit als befriedigend empfunden werden. Sie kann aber einem Menschen in seiner letzten Lebensphase große Schwierigkeiten bereiten. Denn nach und nach kann ihm alles genommen werden. Angefangen bei seinem sozialen Umfeld, seinen persönlichen Besitztümern bis hin zu seiner Persönlichkeit selbst.

Am deutlichsten können wir dies sehen, wenn ein Mensch sich selber nicht mehr helfen kann, oder gar dement wird und in einer Institution für betreutes Wohnen, in einer geschlossenen Abteilung eines Pflegeheimes oder ähnlichen Institutionen landet. Man versucht dann zwar, es ihm so angenehm wie möglich zu machen, indem man seine Grundbedürfnisse erfüllt, ihn beschäftigt, seine Sinne anregt, ihm Zuwendung gibt; kurz gesagt, indem man ihn rundum „in Watte packt".

Das ändert aber nichts an seiner inneren Situation, an seiner seelischen Verarmung, an seinem inneren Elend und seiner inneren Zerrissenheit. Es entspricht allenfalls einer Ablenkung von seiner wirklichen Situation. Es ist die Fortführung einer in der nach außen gerichteten Persönlichkeitskultur begonnenen und immer größer werdenden Abhängigkeit des eigenen „Glücks" von äußeren Umständen und anderen Menschen, während das ohnehin schon verkümmerte Innenleben des Menschen noch weiter verkümmert.

Dem kann ein Mensch nur vorbeugen, wenn er schon während der Erhaltungsphase seines Lebenskreislaufs beginnt, sein Innenleben zu pflegen, indem er sich nach innen wendet und in seinem innersten Wesen oder im ungeformten Bewusstsein nach einem Glück sucht, das weder von äußeren Umständen, noch von anderen Menschen abhängig ist.

Hat er solch ein inneres Glück oder solch eine Seligkeit erst einmal gefunden, dann ist es für ihn auch nicht mehr so wichtig, ob er seinen Lebensabend in einem Altenheim oder sonst wo verbringt. Innerlich geklärt, wird er warten bis seine Lebenszeit in diesem vorübergehenden Dasein abgelaufen ist. Er wird innere Lebensqualität besitzen.

Innere Lebensqualität hat zwar die Erfüllung von Grundbedürfnissen zur Voraussetzung, ist aber vom Grad des Bewusstseins und dem inneren Schwerpunkt eines Menschen abhängig.

Mangelndes Bewusstsein gleicht nämlich einer Art Dämmerzustand, in welchem sowohl die innere als auch die äußere Lebensqualität gar nicht als solche empfunden oder geschätzt werden kann.

Der innere Schwerpunkt eines Menschen kann entweder in seiner Persönlichkeit oder in seinem Bewusstsein, seiner Seele, liegen.

150

Erlangt ein Mensch während seines Lebens einen Bewusstseinsgrad, in welchem er wirklich erkennt und nicht nur denkt, dass alle Dinge, einschließlich er selbst, vorübergehende Erscheinungen sind, dann wird sich sein innerer Schwerpunkt auf natürliche Weise allmählich von seiner Persönlichkeit zurückziehen und sich in sein formloses Bewusstsein verlagern. Seine Lebensqualität wird dann nicht mehr so sehr in seinen persönlichen Interessen und Wünschen liegen, sondern sie wird eher einen spirituellen Charakter annehmen. Lebensqualität bedeutet dann für ihn, bewusst im Hier und Jetzt zu leben und zu sein, eine Rückverbindung zu seinem Ursprung zu haben, mit dem Großen und Ganzen verbunden zu sein, ein „mit der Welle" oder mit dem Wandel zu sein. Zu leben, wenn die Zeit zum Leben ist. Zu sterben, wenn die Zeit zum Sterben ist.

Durch den natürlichen Rückzug seines Schwerpunktes aus der Persönlichkeit in sein ungeformtes Bewusstsein wird er keine besonderen Anregungen seiner Sinne mehr brauchen. Er wird die kleinen Dinge des alltäglichen Lebens zu schätzen wissen. Er wird im Hier und Jetzt leben. Er wird sich selbst genug sein. Der gegebene Augenblick wird ihm genügen. Weil seine Gedanken weder in die Zukunft, noch in die Vergangenheit abschweifen, werden die einströmenden Sinneseindrücke des gegebenen Augenblicks direkt auf sein anwesendes Bewusstsein treffen und ihn verwundern. Er wird das Wunder des Daseins von Augenblick zu Augenblick erleben. Wenn ihm äußere Dinge genommen werden, wird er deshalb nicht verbittert sein, denn er wird begriffen haben, dass Vorübergehendes unausweichlich vorübergeht.

Bleibt hingegen der Schwerpunkt eines Menschen, während der Auflösungsphase an seiner Persönlichkeit haften, werden durch die einströmenden Sinneseindrücke des gegebenen Augenblicks lediglich schon vorhandene Assoziationsmuster in seinem Gehirn angestoßen, wodurch er gedanklich und emotional entweder in die Vergangenheit oder in die Zukunft abschweifen wird.

Dieses Abschweifen wird sein Bewusstsein vom gegebenen Augenblick abziehen und ihn von seinem wirklichen Sein, das immer im Hier und Jetzt liegt, ablenken und zerstreuen. Er wird genau das tun, was er schon sein ganzes Leben lang getan hat, nämlich: sich ganz und gar nach außen zu ergießen, bis auch die letzten Reste seiner Lebensenergie vollständig aufgebraucht sind und er stirbt, ohne einen inneren Sammelpunkt in sich geschaffen zu haben.

Aber das sehen die Vertreter der todesverneinenden Persönlichkeitskultur nicht, weil für sie die einzig mögliche Lebensqualität das wiederholte Anstoßen angenehmer, schon vorhandener Assoziationsmuster ist.

Damit erklärt sich auch, dass die von diesen Vertretern geschaffenen Expertenstandards zur Verbesserung der Lebensqualität der Menschen, die in Alten- und Pflegeheimen untergebracht sind, darauf abzielen, durch Beschäftigungsmaßnahmen, Sinnesanregungen und sogenannter Biographiearbeit den Menschen in seiner Persönlichkeit festzuhalten und ihm bis zu seinem bitteren Ende eine schöne Scheinwelt vorzugaukeln.

Solche Bestrebungen gehen in vielen Fällen soweit, dass es als krankhaft angesehen wird, wenn ein Mensch im letzten Abschnitt seines natürlichen Lebenskreislaufs instinktiv dem natürlichen Fluss folgt und sich innerlich zurückzieht.

Ein solcher natürlicher Rückzug äußert sich oft in nachlassendem Interesse an äußeren Geschehnissen, im Wunsch nach Alleinsein und in Ruhe gelassen zu werden, in nachlassendem Appetit, in längeren Perioden des Schweigens und in der Kargheit an Worten.

Anstatt solch einem Verhalten verständnisvoll und freundlich bejahend zu begegnen, wird mit allen Mitteln versucht, solche Menschen in ihrer Persönlichkeit zu halten, ihr Interesse an äußerlichen Dingen wiederzuerwecken, ihren Appetit zu steigern, und, wenn sie sich verbal nicht mehr verständlich äußern können, ihnen sogar eine Zwangsernährung über eine Magensonde zu verordnen usw.

Es werden Expertenstandards und Konzepte zur Sicherung der Lebensqualität, zur Beschäftigung und zur Ernährung entwickelt. Letztendlich kann das Sterben aber nicht aufgehalten werden. Und standardisierte äußere Lebensqualität, hochkalorische Ernährung bei innerer Zerrissenheit und innerem Elend kann es auch nicht würdevoller machen. Aber es kann den Leidensweg eines Menschen sicherlich verlängern, wenn wir der Natur nicht ihren Lauf lassen.

Deshalb an dieser Stelle für diejenigen, die einen menschenwürdigen Tod sterben wollen, der wohlgemeinte Rat, sich vor den Vertretern der Persönlichkeitskultur zu hüten; sowohl vor denen, die in der eigenen Persönlichkeit wohnen, als auch vor denen, die unsere Umgebung besiedeln. Sie predigen nämlich das Leben, verlängern aber das Leiden und bringen den Tod der Seele.

Über bedürfnisgerechte Ernährung

Bedürfnisgerechte Ernährung sollte den Phasen eines natürlichen Lebenskreislaufs entsprechen.

Die Ernährung des Menschen während der Phasen der Verkörperung und der Aufrechterhaltung ist bereits ausgiebig erforscht worden. Die aus diesen Forschungen hervorgegangenen Empfehlungen reichen von der Ernährung eines Feten und Säuglings bis hin zur Ernährung von Spitzensportlern. Dabei wurde aber die letzte Phase innerhalb eines natürlichen Lebenskreislaufs, nämlich die Phase der Degeneration und der Vergeistigung oder Verklärung, nie berücksichtigt. Das ist wohl auf das Todestabu in unserer von der todesverneinenden Persönlichkeitskultur geprägten Gesellschaft zurückzuführen.

In Altenheimen wird daher den Expertenstandards folgend versucht, die Ernährungsempfehlungen für Wachstum und Aufrechterhaltung auf den alten, in der Degenerations- und Sterbephase befindlichen Menschen anzuwenden. Zu diesem Zweck werden dann spitzfindig ausgeklügelte Standards für die Ernährung alter Menschen entworfen, welche unhinterfragt von der Fachwelt angebetet, bejubelt und per Gesetz durchgesetzt werden. Dies geschieht alles zum „Wohle" des Menschen, wobei man aber die eigentliche und offensichtliche Tatsache übersieht, dass man dadurch den Lebenskreislauf eines Menschen daran hindert, sich natürlich zu vollenden, und das Leid eines

Menschen eher verlängert und verstärkt, anstatt es zu verringern.

So entsteht die groteske Situation, dass dem schon mit einem Bein im Grab stehenden alten Menschen hochkalorische Aufbaukost angeboten wird oder sogar listige Methoden angewendet werden, um sie ihm einzuflößen.

Im Rahmen eines natürlichen Lebenskreislaufes sollte aber die Ernährung am Ende eines Lebens eher minimal als üppig sein. Und zwar aus folgenden Gründen:

Durch eine Minimalernährung wird der Körper fein und leicht.

Weil die Organfunktionen im Alter nachlassen, führt eine üppige Ernährung zu außergewöhnlichen Stoffwechselbelastungen. Eine belastete Stoffwechselsituation erschwert die natürlich einsetzende Vergeistigung am Ende eines Lebenskreislaufs.

Ein gewichtiger Körper führt zu Gelenkbeschwerden und Trägheit.

Ein mit Nahrung und Flüssigkeit vollgestopfter Körper belastet das Herzkreislaufsystem – mit der Folge von Schwerfälligkeit, Wasseransammlungen im Gewebe bis hin zu Atemnotsyndromen.

Minimalernährung reduziert den Bedarf an Medikamenten oder macht diese vollständig überflüssig.

Minimalernährung entspricht dem natürlichen Nachlassen von Organfunktionen im Alter.

Wir sollten uns ferner auch fragen, was wir überhaupt ernähren und was wir aufrechterhalten, wenn wir in Altenheimen eine nur noch aus Restfunktionen bestehende Person mit Nahrungsmitteln überhäufen, um ihr vielleicht einen gewissen Gaumenkitzel zu bescheren?

Ist es nicht ein seelisches Armutszeugnis, wenn wir sagen: „Essen ist doch das Einzige, was er oder sie noch vom Leben hat", und wir einer Person, die ihr Sättigungsgefühl verloren hat, doppelte oder dreifache Essensportionen servieren?

In einer dementen Person sind nämlich bereits mehrere Teile der Persönlichkeit ausgefallen, sodass im Extremfall nur noch ein bis zwei Gedankenmuster oder emotionale Muster aktiv sind und sich ständig wiederholen. Die durch Nahrung und Sinneseindrücke zugeführte Energie kann dann von den brachliegenden Persönlichkeitsteilen nicht mehr verbraucht werden und fließt zusätzlich in die wenigen noch aktiven Denk- und Verhaltensmuster. Gesteigerte Umtriebigkeit und Unruhezustände, die oft nur durch dämpfende Medikamente beherrscht werden können, sind dann die Folgen.

Weil eine Demenz nicht mehr umkehrbar oder heilbar ist, beschränken sich dann die medizinische Versorgung, die Pflege und die Ernährung dieser Menschen auf die Erhaltung solcher Restfunktionen. Dabei wird nicht bedacht, dass es sich dabei mehr um eine medizinisch-pflegerische Aufrechterhaltung und Ernährung des Wahnsinns als um eine Wohltat für den Menschen handelt.

Nicht selten kann auch beobachtet werden, dass es bei Menschen, die sich im Anfangsstadium einer Demenz befinden, irgendwann zu einer plötzlichen Verschlechterung oder zu einem „Einbruch" des Allgemeinzustandes kommt. Während solch eines „Einbruchs" nehmen sie oft nur wenig oder gar keine Nahrung und Flüssigkeit mehr zu sich. Eigentlich wäre dies der Zeitpunkt, der Natur ihren Lauf zu lassen und nicht immer wieder zu versuchen, den Betroffenen Nahrung einzuflößen, sie zum Essen zu überreden, ihnen Infusionen zu verabreichen oder medizinisch alles dafür zu tun, sie am „Leben" zu halten.

Wir würden ihnen so die Möglichkeit geben innerhalb ihres natürlichen Lebenskreislaufs zu bleiben und aus diesem Leben zu scheiden, bevor sie in einem oft viele Jahre andauernden noch desolateren Zustand den Rest ihres Lebens verbringen müssen.

Denn sind erst mal, durch ständiges Überreden zum Essen, durch hochkalorische Kost oder durch die Gabe von Infusionen und Medikamente usw., die selbsterhaltenden Stammhirnfunktionen wieder aktiv geworden, erfolgt die Nahrungsaufnahme oft über Jahre nur noch mechanisch, gleichgültig, in welchem Zustand sich der betroffene Mensch befindet.

Die Aufrechterhaltung des Leidens

Die Hauptursache menschlichen Leidens liegt, abgesehen von körperlichen Schmerzzuständen, im Nichtakzeptierenkönnen oder Nichtwahrhabenwollen der Wirklichkeit unumstößlicher und unangenehmer Wahrheiten. Und weil aus eben diesem Grund der größte Teil unseres persönlichen Lebens auf privaten, subjektiven und illusionären Vorstellungen beruht, die früher oder später von der Wirklichkeit eingeholt werden, kollidiert diese illusionäre Privatwelt immer wieder mit Ereignissen aus der Wirklichkeit, die sie erschüttern und infrage stellen. Nicht enden wollende und leidvolle Enttäuschungen sind dann die Folge.

Weil aber der Mensch seine illusionäre Privatwelt nicht als solche erkennt, sondern diese für das einzige, Wichtigste, Wertvollste und Wünschenswerteste hält, versucht er, anstatt seine Privatwelt an die Wirklichkeit, die Wirklichkeit an seine Privatwelt anzupassen. Das führt letztendlich dazu, dass er ganz offensichtliche Tatsachen aus seiner gefühlsmäßigen Wahrnehmung oder aus seinem Empfinden ausblendet und diese nur ganz am Rande seines Intellekts als Gedanken wahrnimmt, die ihn nicht sonderlich stören und ganz leicht übergangen werden können.

Eine solche offensichtliche Tatsache, die er auf diese Weise ausblendet, ist beispielsweise der Fakt, dass er selbst, ebenso wie seine Mitmenschen und alle Dinge der Welt vorübergehende Erscheinungen sind. Sie können ihm jederzeit durch die Überschneidung von Ereignissen oder durch seinen eigenen Tod weggenommen werden.

Selbst wenn ein Mensch diese Zeilen liest, streifen die Worte allerhöchstens den Rand seines Intellekts. Wahrscheinlich beginnt er mehrere Für und Wider zu erwägen und wird sich alsbald nicht mehr daran erinnern. So lebt er weiter, als hätte er das ewige Leben. Denn würden solche Wahrheiten tief in sein Bewusstsein eindringen und sein gesamtes Sein erfassen, könnte er nie mehr so sein, wie er bisher gewesen ist. Er würde ein vollkommen anderer Mensch werden. Und weil fast alle Menschen diesem Mechanismus der Ausblendung unangenehmer Tatsachen unterliegen, entstehen politische, gesellschaftliche und ethische Wertsysteme, die auf Halbwahrheiten beruhen und eine Kluft zwischen Wirklichkeit und gelebtem Leben entstehen lassen.

Daher ist es nicht verwunderlich, wenn aus solchen allgemein anerkannten und illusionären Wertesystemen die Gesetzesentwürfe, die Forschungsergebnisse und die sogenannten Expertenstandards zur Sicherstellung der Lebensqualität alter Menschen hervorgehen, welche allesamt eindimensional sind.

Solche einseitigen Gesichtspunkte geben dann sogar vor, einem ganzheitlichen Denken zu entspringen.

Ohne die Einbeziehung der Unvermeidbarkeit des Sterbens und des Todes alles Seienden kann es keinen ganzheitlichen und realistischen Denkansatz geben. Denn wenn die Perspektive falsch ist, sind auch die

Schlussfolgerungen und die daraus entspringenden Handlungen falsch.

So entsteht ein Blendwerk von falschen „Realitäten", dem der einzelne Mensch ohne Hilfe nicht entkommen kann.

Eigentlich sollte die entsprechende Hilfe von den Religionen kommen. Da aber deren Vertreter oft selbst dem Blendwerk der sogenannten „Realitäten" der Persönlichkeitskultur verfallen sind, nehmen diese eher die Funktion von Wächtern ein, die den Ausstieg aus dem bestehenden, falschen Wertesystem verhindern. Anstatt als Befreier des Menschen zu agieren, indem sie ihn mit der Wahrheit konfrontieren und ihm einen Weg aus seiner illusionären Welt aufzuzeigen, predigen sie blinden Glauben an einen imaginären Gott, welchen sie nach ihrem eigenen Bilde geschaffen haben.

Beim einzelnen in dieses System falscher Perspektiven eingebundenen Menschen geschieht nun Folgendes: Nachdem er von Kindheit an mit den Werten einer auf Halbwahrheiten gründenden Gesellschaft überhäuft wurde und sich diese Werte tief in sein Nervensystem und somit in seine Persönlichkeit eingegraben haben, beginnt er an diese Werte zu glauben und sie für seine eigenen zu halten.

Aus Mangel an spiritueller Unterstützung, Erfahrung und Einsicht beginnt er dann auch an einen, zum größten Teil aus konditionierten Reflexen, Gewohnheiten, Emotionen und Assoziationen bestehenden Mechanismus zu glauben: nämlich an seine Persönlichkeit, die er für sein Selbst, für sein Wesen und für sein „Ich" hält. Und weil seine Persönlichkeit ein ebenso vergängliches Ding ist wie sein Körper, gleicht er einem Schauspieler, der glaubt, sein „Ich" bestünde einzig und alleine aus seinen gespielten Rollen. Wenn er dann die Bühne verlassen muss, weil das Schauspiel zu Ende ist, gerät er in große Bedrängnis: blickt er nach vorne, steht er vor einem Abgrund gähnender Leere, blickt er zurück, muss er erkennen, dass die Bühne leer ist oder bereits ein anderes Schauspiel mit ganz anderen Schauspielern begonnen hat.

Weil aber diese Tatsache von vorneherein und von allen Beteiligten so weit als möglich aus dem Bewusstsein ausgeblendet wird, kommt ihm sein ganzes Leben lang nicht die Idee, nach irgendetwas Anderem und Beständigerem zu suchen als nach seiner Persönlichkeit und ihm von außen entgegengebrachter Achtung, Ehre und Würdigung. So ist er von seiner Jugend an ständig damit beschäftigt, seine Persönlichkeit mehr und mehr auszuschmücken, um immer mehr Achtung, Anerkennung, Ruhm und Ehre zu erlangen. Dies erreicht er aber nur, indem er sich die allgemein anerkannten, illusionären Wertvorstellungen zu eigen macht und zu dem wird, was man von ihm erwartet.

Ereignisse, die ihn an seine Sterblichkeit erinnern, verarbeitet er durch so genannte „Trauerarbeit", die vorwiegend darin besteht, nach außen hin einige vorgegebene Rituale auszuführen und innerlich in Traurigkeit, in Depression und Klagen auszuharren, bis „Gras über die ganze Sache gewachsen ist" und er so weiter machen kann, als wäre nichts geschehen. Seine Mitmenschen, die ebenfalls an dieses aus falschen Perspektiven entstandene Wertesystem glauben, bezeugen ihm ihr Beileid und tun alles Mögliche für ihn, um ihn wieder als voll angepasstes und wieder zur „Vernunft" gekommenes Mitglied in ihrer Gemeinschaft aufnehmen zu können.

Sollte ihn ein Ereignis aber doch so tief berühren, dass er sich selbst mit seinem ganzen Sein als vorübergehende Erscheinung wahrnimmt und er auch die Vergänglichkeit alles Seienden wirklich erkennt, dann werden seine Mitmenschen, deren auf Halbwahrheiten beruhende Perspektive seiner Sicht widerspricht, ihn nicht mehr verstehen; und er wird alleine dastehen.

Fehlt ihm die Stärke, dieses Alleinsein zu ertragen, so wird er alsbald wieder in seine alten Denkmuster und Verhaltensweisen zurückfallen, und alles bleibt beim Alten. Besitzt er aber die Stärke, dieses Alleinsein zu ertragen, dann bleibt ihm, wenn er in einer solchen Gemeinschaft überleben will, nichts anderes übrig, als „mit den Wölfen zu heulen".

In solch einem sich selbst erhaltenden, illusionären System, das sich in der Persönlichkeit des Einzelnen widerspiegelt, entfernt sich der Mensch mit zunehmender Verfestigung seiner Persönlichkeit immer weiter von der Wirklichkeit. Und wenn dann mit fortschreitendem Alter sein Ende näher rückt, beginnt er, da er ja nichts anderes besitzt, sich immer mehr an dieses illusionäre Gebilde seiner selbst zu klammern.

Mit der fortschreitenden Degeneration seines Körpers und seiner Persönlichkeit zerrinnt ihm dieses Gebilde aber förmlich in den Händen – bis nur noch einige einzelne Fragmente davon übrigbleiben und er als „dement" eingestuft wird.

Die übrig gebliebenen Fragmente einer einst funktionierenden Persönlichkeit können als automatisch ablaufende Assoziationsmuster innerhalb bestimmter Gehirnareale verstanden werden. Sie haben die Verbindung zu anderen ausgleichenden Assoziationsmustern und Arealen verloren und sind daher so extrem, dass sie oft nur mit Medikamenten, manchmal auch nur mittels Fixiergurten, in Schach gehalten werden können.

Da man kein klares und wirklichkeitsnahes Menschenbild besitzt, greift man in der Altenpflege und in der Medizin verunsichert auf allgemein anerkannte vage Vorstellungen zurück – wie beispielsweise: „die Würde des Menschen ist unantastbar" – und versucht diesen Vorstellungen gerecht zu werden, indem man medizinisch und pflegerisch alles dafür tut, solche armseligen, fragmentierten Kreaturen so lange wie es nur geht daran zu hindern, ihr natürliches Ende zu finden. Es wird dann peinlichst genau darauf geachtet, dass es weder zu Blutdruckschwankungen, Herzrhythmusstörungen, Blutzuckerentgleisungen, Eisenmangel oder zur Gewichtsabnahme usw. kommt.

Der Umstand, dass auf diese Weise das Leiden regelrecht beschützt und aufrechterhalten wird, sodass sich der ursprüngliche Zweck der Medizin und der Pflege,

Leid zu lindern oder zu verhindern, in sein Gegenteil umkehrt, wird dem oben beschriebenen Mechanismus der Ausblendung unangenehmer Tatsachen folgend vollständig ignoriert.

Ebenso verschließt man die Augen vor der Tatsache, dass der Sterbeprozess eines Menschen mit den heutigen zur Verfügung stehenden medizinischen Möglichkeiten oft nur verlängert wird und der betroffene Mensch durch eben diese Verlängerung dazu gezwungen wird, partielle Tode zu sterben. Das heißt, er muss Stück für Stück sterben und wird daran gehindert als Ganzheit oder als ganzer Mensch zu sterben, sodass am Ende lediglich nur noch bruchstückhafte Restfunktionen seines Organismus und seiner Psyche übrigbleiben.

Es ist fraglich, was daran noch würdevoll sein soll. Trotzdem spricht man weiter von würdevollem Sterben und Lebensqualität, während die „wohlwollenden" pflegerischen und medizinischen Handlungen genau das Gegenteil bewirken.

Dem Ganzen versucht man dann noch einen Anstrich von „Normalität" zu geben, indem man groteskerweise solchen fast schon verstobenen Wesen zum Geburtstag gratuliert, für sie Faschingsveranstaltungen, Weihnachtsfeiern oder andere Festlichkeiten einrichtet, bei denen sie meist nur teilnahmslos dasitzen oder sich auch gegenseitig mit Essen bewerfen usw. Man betitelt sie mit „Herr" oder „Frau", um wenigstens so zu tun, als seien sie noch intakte, integre

Persönlichkeiten, usw. Aber: Wo ist denn der „Herr" oder die „Frau" in einem fragmentierten Wesen?

Eine solche Maskerade wird dann als Erhaltung der „Lebensqualität" deklariert.

Diese und ähnliche, besonders für „Einäugige" unangenehme Tatsachen werden erst gar nicht in Erwägung gezogen. Unterdessen aber gründet man Expertenkomitees, für Fragen zur Ethik, zum Umgang mit Demenzkranken, für Maßnahmen zur Vorbeugung von Stürzen, Inkontinenz, Kontrakturen, Mangelernährung und der Exsikkose alter Menschen usw.

Es werden dann sogenannte „Expertenstandards" entworfen, die ausgeklügelte und – wegen der „einäugigen" Sichtweisen der Komiteemitglieder – oft unwesentliche Spitzfindigkeiten enthalten, die aber von der Fachwelt angebetet und den entsprechenden Einrichtungen per Gesetz aufgezwungen werden, sodass es selbst für die wenigen Einrichtungen, die sich noch eine gewisse Wirklichkeitsnähe bewahrt haben, schwierig wird, in ihren Handlungen einer lebensnahen Vernunft zu folgen.

Anstatt alten Menschen eine lebens- und wirklichkeitsnahe Pflege und Betreuung zu gewähren, wird versucht, den vorgegebenen Expertenstandards zu genügen und alles peinlichst genau zu dokumentieren. Die Betreuung und Pflege alter Menschen kommt so mehr einem dem „Leben hinterher Schreiben" als wirklicher menschen- und lebensnaher Betreuung gleich.

Nach Einführung besagter Expertenstandards, die mehr oder weniger Kontroll- und Überwachungssystemen entsprechen, werden die in Pflegeeinrichtungen lebenden Menschen nun regelrecht vor dem oftmals erlösenden Tod bewacht.

Kleinste Veränderungen in ihrem Verhalten oder Befinden werden sofort dokumentiert. Ein Privatleben oder eine Privatsphäre sind für solche Menschen nicht mehr möglich. Während sie tagsüber überwacht werden, müssen zumindest die an Demenz erkrankten die Nächte, in denen sie einmal für sich sein könnten, oft in einem Zweibettzimmer verbringen und sich eventuelles Geschnarche, Gestöhne oder sogar Geschrei ihrer Mitbewohner anhören. Neuerdings kommen auch immer mehr in den Zimmern angebrachte Überwachungs- und Bewegungssensoren zum Einsatz, die dem Pflegepersonal ein Alarmsignal übermitteln, wenn ein dementer Heiminsasse sein Bett oder sein Zimmer verlässt. Auf diese Weise werden Altenheime immer mehr zu Hochsicherheitstrakten, in denen an Demenz erkrankte keinen einzigen, unbeaufsichtigten Schritt mehr tun können. Das soll dann „Lebensqualität" sein …?

Wenn ein Mensch in solch einer Pflegeeinrichtung seinen Willen nicht mehr äußern kann, ist er diesem Kontroll- und Überwachungssystem vollkommen ausgeliefert. Er wird im Namen der „Sicherheit" und „Würde" standardgemäß überwacht, und auch der letzte Rest seiner Privatsphäre wird ihm geraubt. Es werden alle Mittel ausgeschöpft, um ihn solange wie möglich am Leben zu halten, gleichgültig, in welchem inneren oder äußeren Elend er sich befindet.

Weil in solchen Überwachungsstandards zum Beispiel steht, dass bei einer Abnahme an Körpergewicht mit Gegenmaßnahmen zu reagieren sei, finden sich sofort engagierte Pflegekräfte, die wirklich an den Wert dieser Überwachungsstandards glauben und danach handeln.

Da liegt dann, um nur ein Beispiel zu nennen, ein bettlägeriger Mensch, dessen Gehirn schon soweit degeneriert ist, dass er nur noch mit offenem Mund daliegt, an die Decke starrt, noch einige unverständliche Laute von sich gibt und kaum noch Interesse an Essen und Trinken zeigt. Um einer Gewichtsabnahme vorzubeugen, wird dieser Mensch nun standardgemäß ernährt, indem man ihm, fünf bis sechs Mal am Tag passierte, möglichst hochkalorische Kost in seinen offenstehenden Mund füllt. Wenn dann die in seinen Mund gefüllte Nahrung nach hinten fließt und sein Gaumensegel berührt, schluckt er sie reflexartig hinunter. Zur Kontrolle, ob er möglicherweise trotzdem an Gewicht verliert, wird er wöchentlich gewogen – auch wenn das Wiegen für diesen Menschen mit Qualen verbunden ist.

Das Ganze wird dann zum Nachweis, dass alles getan wurde, um eine Gewichtsabnahme zu verhindern, feinsäuberlichst dokumentiert, um den vorgeschriebenen Expertenstandards zu entsprechen.

Wenn man genauer hinsieht, geht es in solchen und ähnlichen Fällen gar nicht mehr um den Menschen selbst, sondern lediglich um die Erfüllung von Vorgaben. Wenn man in solch einer von Standards und Vorgaben geprägten Einrichtung über einen längeren Zeitraum arbeitet, erhält man außerdem den Eindruck, dass hier eine von der Persönlichkeitskultur geschaffene, riesige Maschinerie zur „gewissenhaften" Aufrechterhaltung menschlichen Leidens im Gange ist.

In solch einer Maschinerie zur Aufrechterhaltung des Leidens werden die Bedürfnisse des sterbenden Menschen grob vernachlässigt. Er wird seiner Würde beraubt und den Pflegenden wird ihre Eigenverantwortung genommen. Letztere sind dann lediglich noch Handlanger eines aufgezwungenen, standardisierten Überwachungssystems zur Verhinderung des natürlichen Laufs der Dinge und zur Aufrechterhaltung des Leidens.

Grundlagen für eine ethische Palliativpflege

Das Leben des Menschen besteht aus Übergängen. Neben den kleineren Übergängen, wie die vom Säugling zum Kleinkind, vom Kind zum Jugendlichen, vom Jugendlichen zum Erwachsenen und vom Erwachsenen zum Greisen, gibt es in jedem Menschenleben auch zwei große Übergänge:

Der erste große Übergang ist der Übergang vom persönlichen Nicht-Sein zum persönlichen Sein, welcher durch die Empfängnis, die embryofetale Entwicklung und durch die Geburt gekennzeichnet ist.

Der zweite große Übergang ist der Übergang vom persönlichen Sein zum persönlichen Nicht-Sein. Dieser Übergang ist durch die Auflösung der Persönlichkeit sowie durch Sterben und Tod gekennzeichnet.

Die Geburtshilfe versucht, einem Menschen den ersten großen Übergang zu erleichtern.

Pädagogik und Psychologie versuchen, dem Menschen die kleinen Übergänge während des Lebens zu erleichtern.

Spiritualität, lebensnahe Altenpflege und Palliativmedizin versuchen, dem Menschen den zweiten großen Übergang oder das Sterben zu erleichtern.

Aus ganzheitlicher Sicht ist das Leben eines Menschen ein natürlicher Kreislauf zwischen Aufstieg und Niedergang, zwischen Wachstum und Degeneration, zwischen Geburt und Tod. Und wenn wir einem solchen natürlichen Kreislauf einen Sinn oder eine kosmologische Bedeutung beimessen, dann müssen wir dem Tod eines Menschen ebenso viel Achtung entgegenbringen, wie seiner Geburt. Das heißt, ein Mensch hat ein ebensolches Recht auf seinen, zu seinem Lebenskreislauf gehörenden Tod wie auf seine Geburt.

Ein aktives Forcieren des Sterbeprozesses eines Menschen ist dann ebenso verwerflich wie sein unnötiges und leidvolles Hinauszögern. Aber welche Kriterien haben wir denn, nach denen wir unser Handeln oder Nichthandeln ausrichten können?

Solange die kognitiven Fähigkeiten eines Menschen erhalten sind, können und müssen wir uns an seine Äußerungen halten.

Doch welche Kriterien haben wir, wenn – wie allzu oft – die kognitiven Fähigkeiten noch vor dem körperlichen Tod eines Menschen verschwinden und er dement wird, sodass seine Orientierung sowie seine Lebensqualität immer weiter abnehmen?

In einem solchen Fall finden wir die Antwort in der Natur selbst:

Der Mensch wird mit einem bestimmten genetischen Material als auch mit einem Funken Bewusstsein und einem Lebenswillen in ein soziales Umfeld und in eine bestimmte Kultur hinein geboren, wo sein ihm eigener Lebenskreislauf beginnt.

Durch das Zusammentreffen dieser unterschiedlichen Faktoren bilden sich in einem Menschen der Reihe nach bestimmte Anpassungsmechanismen, z. B. motorische Fertigkeiten, emotionale Wertsysteme und kognitive Fähigkeiten. In ihrer Gesamtheit machen sie schließlich seine Persönlichkeit aus.

Dabei dürfen wir aber nicht vergessen, dass die Persönlichkeit eines Menschen nicht sein inneres Wesen oder sein innerstes Bewusstsein darstellt, sondern lediglich ein Anpassungsmechanismus des Bewusstseins an dessen Umgebung ist. Und, dass die Persönlichkeit, genauso wie der physische Organismus, eine vorübergehende Erscheinung und dem Untergang geweiht ist. Das, was an Anpassungsmechanismen in der Entwicklung eines Menschen in den späteren Entwicklungsphasen erworben wurde, wird im Sterbeprozess als Erstes auch wieder verschwinden.

So beobachten wir häufig, schon lange vor dem Versiegen von Hunger und Durst, das Schwinden kognitiver und motorischer Fähigkeiten. Nicht jedem Menschen ist das Glück beschert, seine kognitiven Fähigkeiten bis zum letzten Atemzug zu behalten.

Wenn also ein Mensch seine kognitiven Fähigkeiten verloren hat, hat er seine Anpassungsfähigkeit und somit auch einen Großteil seiner Persönlichkeit verloren. Was dann übrig bleibt, ist wieder das genetische Material mit seinen Auswirkungen auf Konstitution, Gesundheit und Lebensdauer, usw.; ein Funke Bewusstsein, das erlebt, erleidet und den innersten Kern oder die Seele eines Menschen darstellt, und der Lebenswille, der unter anderem die selbsterhaltenden Funktionen wie z. B. Hunger und Durst steuert.

Das Versiegen von Hunger und Durst kann dann, wenn andere medizinische Ursachen für ein solches

Versiegen ausgeschlossen sind, als ein Versiegen des Lebenswillens gedeutet werden.

Ebenso verhält es sich, wenn bei einem an Demenz erkrankten Menschen mit stark verminderter Lebensqualität die selbsterhaltenden Funktionen wie der Schluckreflex, die Resorptionsfähigkeit des Magen-Darm-Traktes und andere vitale Funktionen gestört sind oder ausfallen.

Der Respekt und die Achtung vor dem Leben und dem Tod eines Menschen gebieten uns dann, der Natur mitfühlend ihren Lauf zu lassen, das heißt, diesen Menschen seinen ihm eigenen Tod sterben zu lassen und nur noch palliativ lindernd einzugreifen.

Einem Menschen, dessen Persönlichkeit bereits gestorben oder nur noch in Fragmenten vorhanden ist und dessen Lebensqualität stark eingeschränkt ist, seinen ihm eigenen Tod durch zwanghafte Ernährung – über eine Sonde, über Infusionen oder andere medizinische Spitzfindigkeiten – zu verwehren, wäre mehr als respektlos, unmoralisch und verwerflich. Wir würden ihn, aus welchen Gründen auch immer, daran hindern seinen ihm eigenen Lebenskreislauf auf die zu ihm gehörende Weise zu vollenden und sein Leiden unnötigerweise verlängern.

Hier entsteht oft die Frage nach dem „Verdursten" oder dem „Verhungern" eines Menschen?

Wir können aber davon ausgehen, dass gerade bei an Demenz erkrankten oder sich in der Endphase des Sterbens befindende Menschen das Bewusstsein von den selbsterhaltenden Funktionen wie Hunger und

Durst dissoziiert ist: Der Betreffende empfindet dann gar keinen Durst oder Hunger mehr, die Nahrungs- und Flüssigkeitsaufnahme erfolgt meist nur noch mechanisch.

Wer keinen Hunger empfindet, kann nicht verhungern, und wer keinen Durst empfindet, kann auch nicht verdursten.

Wenn wir hier noch die Erkenntnisse mit einbeziehen, dass nämlich ein Flüssigkeitsmangel zur Freisetzung körpereigener Endorphine führt, dann können wir ein Nachlassen des Durstgefühls im Alter oder bei Sterbenden auf einen natürlichen Selbstschutzmechanismus zurückführen, der letztendlich vor den körperlichen Qualen des nahenden Todes schützen soll.

Wir müssen in solchen Fällen lernen, mehr auf die Natur und ihren Lauf zu vertrauen als auf Expertenstandards und auf standardisierte, medizinische Maßnahmen, die sich mehr auf Forschungen an Menschen stützen, bei denen der Sterbeprozess noch nicht eingesetzt hat.

Der Sterbeprozess eines Menschen kann sich über Minuten, Tage, Wochen, Monate oder sogar Jahre erstrecken. Und wenn wir annehmen, dass die Geburt der Anfang eines persönlichen Lebens und der Tod das Ende dieses persönlichen Lebens ist, dann können wir sagen, dass der Sterbeprozess eines Menschen in der Auflösung seiner Persönlichkeit besteht, oder anders ausgedrückt, in der Loslösung des Bewusstseins vom physischen Organismus und den darin verankerten gedanklichen und emotionalen Assoziationsmustern.

Wenn diese Loslösung nur stückweise erfolgt, kommt es früher oder später zu Dissoziationserscheinungen und damit zu dem, was wir als Demenz bezeichnen. Der Mensch stirbt dann partielle Tode, mit der Folge eines oft sehr langen Sterbeprozesses, in dem sukzessiv immer mehr Funktionen ausfallen, bis schließlich nur noch einige Stammhirnfunktionen übrigbleiben, welche die Verdauung, den Herzschlag und die Atmung aufrechterhalten. Der Beginn einer Demenz entspricht somit auch dem Beginn des Sterbeprozesses.

Hier erhebt sich nun die Frage, ob wir einem Menschen wirklich einen Gefallen damit tun, wenn wir, wie es gerontopsychiatrische Fachleute befürworten, einzelne übrig gebliebene Fragmente einer unwiederbringlich zerstörten Persönlichkeitsstruktur mit allen medizinischen, pflegerischen und soziopsychologischen Mitteln aufrechtzuerhalten versuchen – wobei wir Worte wie Sterben oder Tod nur hinter vorgehaltener Hand aussprechen – oder ob es vielleicht für das allgemeine Wohl dieses Menschen besser wäre, ihn gelegentlich an die Unvermeidbarkeit des Strebens zu erinnern und den noch vorhandenen Persönlichkeitsfragmenten zu erlauben, ihr natürliches Ende zu finden, ohne diesen Prozess anzutreiben oder zu hindern.

Auch müssen wir bei der Pflege und Betreuung alter Menschen in Betracht ziehen, dass am Anfang eines natürlichen Lebenskreislaufs die Expansion und an dessen Ende der Rückzug oder die Kontraktion steht. Ein Umstand, der sich bei Menschen im Siechtum, das, nebenbei bemerkt, oft durch medizinische Vorkehrungen entsteht, nicht selten in Kontrakturen der Gliedmaßen zeigt.

Aufgrund der natürlichen Rückzugstendenz am Ende eines Lebenskreislaufs ist es nicht verwunderlich, dass hochbetagte Menschen nicht selten das Bedürfnis verspüren, sich von der Welt zurückzuziehen. Einen solchen Rückzug brauchen wir nicht – wie manche Gerontologen und Vertreter der Persönlichkeitskultur dies tun – als negativ oder als Depression zu werten. Wir können einen solchen Rückzug vielmehr als den Versuch eines Menschen betrachten, sich schon vor seinem physischen Tod von seiner Persönlichkeit und dem, was er in der Welt war, zu lösen, weil irgendetwas in ihm erkannt hat oder erahnt, dass er diese Dinge nicht mitnehmen kann.

Solche Menschen haben, wenn man sie denn lässt, oft eine kürzere Sterbephase und finden einen friedlicheren Tod. Denn die Hauptursache eines qualvollen Sterbeprozesses ist häufig ein Sich-nicht-lösen-Können von der Persönlichkeit und von bestimmten Rollen, die der betreffende Mensch im Laufe seines Lebens ausgefüllt hat. Insofern sterben Menschen, die sich während ihres Lebens einen freien Raum in ihrem Inneren erhalten haben, leichter.

Wir müssen hier eingestehen, dass sich die heutige Palliativmedizin, was ihre spirituellen Aspekte betrifft, noch in den Kinderschuhen befindet. Denn in spiritueller Hinsicht besteht ihre Aufgabe auch darin, die Qualen des Sterbeprozesses auch präventiv zu lindern oder zu verhindern. Das heißt: Sie müsste sterbenden Menschen helfen, deren Schwerpunkt von der Persönlichkeit in ein Bewusstsein persönlichen Nicht-Seins zu verlagern.

Dies aber ist in der heutigen Persönlichkeitskultur fast unmöglich, weil diese mit ihren staatlichen und anerkannten Schulsystemen zwar wohlfunktionierende Automaten für die Wirtschaft rekrutiert, aber die spirituellen Seiten des Menschen vollständig vernachlässigt. Die vernachlässigten spirituellen Seiten führen dann in sogenannten „Sonntagsreligionen" oder fragwürdigen „esoterischen Kreisen" ein Schattendasein oder verkümmern vollständig. Dadurch verlagert sich der Werteschwerpunkt fast aller Menschen vollständig in ihre Persönlichkeit, in eingenommene Rollen, in persönliche Vorlieben, Abneigungen und in die eigene Selbstdarstellung, usw.

Aus diesen Gegebenheiten entstehen dann die allgemein anerkannten Wertsysteme, die Ruhm, Ehre, Anerkennung und ein dickes Portemonnaie usw. als höchstes Gut ansehen.

Wenn nun ein Mensch sein ganzes Leben lang nur für diese Dinge gelebt und gearbeitet hat, sich mit ihnen identifiziert hat und im Alter sein physischer Organismus und seine Persönlichkeit zu degenerieren beginnen, dann beginnt für ihn auch der Horror des Sterbens. Denn er besitzt nichts als diese, manchmal auch nur in seiner Einbildung existierende Werte, die spätestens mit seinem physischen Tod verschwinden werden.

Mit der fortschreitenden Degeneration seines Körpers kommt es auch zur fortschreitenden Dissoziation seiner Persönlichkeitsstrukturen, bis nur noch einzelne Fragmente eines einst gut funktionierenden Systems übrig bleiben und irgendetwas in ihm versucht, sich an diese Überreste zu klammern, während er ins Bodenlose fällt.

Eine fast vollständig auf äußeren Erfolg ausgerichtete Persönlichkeitskultur steht nun diesen, zum Großteil von ihr selbst geschaffenen, bemitleidenswerten Kreaturen vollkommen hilflos gegenüber und bringt sie per richterlicher Anordnung in geschlossenen Einrichtungen unter. Und weil ja „die Würde des Menschen unantastbar ist", wird dort alles dafür getan, um das „Leben" solcher Kreaturen so lange wie möglich aufrechtzuerhalten.

Der medizinischen und pflegerischen Versorgung bleibt dann oft nichts anderes übrig, als solche Menschen mehr oder weniger zu betäuben und ihnen momentane Tröstungen oder gar Vertröstungen zuzusprechen, um ihnen das letzte Stück Weg wenigstens einigermaßen erträglich zu machen.

An dieser Stelle dürfen wir aber auch nicht außer Acht lassen, dass die Medizin, insbesondere die Palliativmedizin, sehr wohl gute Dienste leisten kann, wenn es um eine Verminderung von Qualen geht, die durch Restfunktionen des Stammhirns, die einen Menschen nicht sterben lassen, verursacht werden.

Doch selbst wenn die Allgemeinmedizin und die Palliativmedizin guten Willens wären, Menschen präventiv

zu helfen, ihren Werteschwerpunkt vom Vergänglichen ins Unvergängliche, vom Persönlichen ins Bewusstsein persönlichen Nicht-Seins, von der Form ins
Formlose zu verlagern, dürften ihre Ausübenden
selbst nicht Anhänger einer Persönlichkeitskultur sein
– und die Hilfesuchenden müssten bereit sein, sich
schon vor ihrem physischen Tod innerlich, von dem in
der Welt erreichten und den im Laufe ihres Lebens in
ihrem Nervensystem eingegrabenen Assoziationsmustern, das heißt, von ihrer Persönlichkeit zu trennen.

Außerdem benötigte die Medizin ein klares, religions-
übergreifendes und dogmenfreies Menschenbild. Eines, das nicht wie ihr jetziges aus vagen „Selbstver-
ständlichkeiten" oder aus Glaubensdogmen, die mit
Fragmenten naturwissenschaftlicher Erkenntnis ge-
mischt sind, besteht und in unhinterfragten Glau-
benssätzen wie „Die Seele des Menschen ist unsterblich", „Die Würde des Menschen ist unantastbar" oder
„Das Ganze ist mehr als die Summe seiner Teile" gip-
felt.

Die Medizin bräuchte vielmehr ein Menschenbild, das
naturwissenschaftliche Erkenntnisse und die Erkenntnisse großer Religionsstifter, die bis in die überpersönlichen Bereiche des Bewusstseins vorgedrungen sind,
in sich vereinigt.

Weil aber nur in einem von Dogmen, der Persönlichkeit oder dem „Ich" befreiten Bewusstsein ein Jesus
neben einem Buddha, ein Bodhidharma neben einem
Mohamed, ein Lao Tse neben einem Jalaluddin Rumi
usw. existieren kann – und neben all diesen auch

179

naturwissenschaftliche Erkenntnisse –, scheint es fast unmöglich, dass man sich jemals auf ein umfassendes, klares und objektives Menschenbild einigt. Und würde es je einer wagen, ein solches Menschenbild vorzubringen, würden sich sicher sofort alle Dogmenreiter gleich welcher Herkunft empören und „kreuziget ihn" rufen.

Und vor allem müssten auch Konsequenzen aus wissenschaftlichen Erkenntnissen gezogen werden.

Denn was ist denn der Unterschied zwischen der Erkenntnis eines Buddhas, die das „Ich" als Illusion oder als aus Einbildungen bestehend bezeichnet, und der naturwissenschaftlichen Erkenntnis moderner Hirnforschung, dass unser „Ich" lediglich eine Konstruktion unseres Gehirns sei?

Der einzige Unterschied ist der, dass Buddha die Konsequenzen daraus gezogen hat, wir aber nicht.

Solche Inkonsequenz spiegelt wohl die unüberbrückbare Kluft wider, die sich zwischen Wissen und Sein des modernen Menschen auftut. Sein Wissen reicht 20 Milliarden Lichtjahre ins Universum hinaus, es reicht bis tief in die Materie hinein, bis zu Elektronen, Lichtquanten, Quarks und Dunkler Materie, bis hin zur Relativität von Raum und Zeit. Aber in seinem Sein ist er ein primitives und abergläubisches Wesen geblieben, eines, das seinen Bruder, für ein paar Glitzersteinchen, ohne zu zögern den Kopf einschlägt. Er ist Sklave seiner mechanisch ablaufenden Assoziationsmuster und konditionierten Reflexen, wähnt sich aber als „Herr der Welt" oder als „Krone der Schöpfung".

Allein eine solche Erkenntnis, dass unser „Ich" aus Illusionen und Einbildungen besteht, zu verinnerlichen und die Konsequenzen daraus zu ziehen, würde unser gesamtes Wertesystem auf den Kopf stellen und vielleicht Mitgefühl an die Stelle von Hab- und Herrschsuchtsucht treten lassen.

Vage Begriffe wie „Würde", „Leben" und „Lebensqualität" müssten vollkommen neu überdacht und definiert werden.

Und in dem Augenblick, wo uns wirklich bewusst würde, dass unser so hochgeschätztes „Ich" eine Illusion ist, wäre unser Bewusstsein nicht mehr nur ein Epiphänomen unserer Persönlichkeit – es wäre von der Persönlichkeit losgelöst und würde zu einem kosmischen Phänomen werden, weil es, ebenso wie unsere Milchstraße, unser Planetensystem, unser Planet Erde und unsere Organismen, innerhalb eines Kosmos entstanden ist.

Der physische Körper und die Persönlichkeit wären dann lediglich eine Wohnstatt, in der dieses Bewusstsein residiert, und ein Vehikel, um mit der Welt Kontakt aufzunehmen.

Und wenn dieser Körper und diese Persönlichkeit beginnen würden zu zerbröckeln, welchen Sinn würde es dann für dieses Bewusstsein machen, noch weiter darin zu verweilen?

Wir aber beharren darauf, unsere Wohnstatt in einem einstürzenden Haus zu errichten und in einem fast schon verrotteten Körper zu verweilen. Ist das noch Würde?

181

Mit einem kaputten, unnütz gewordenen Werkzeug zu arbeiten, als wolle man mit einem abgebrochenen Schlüssel eine Tür öffnen – ist das noch Lebensqualität?

Einige Worte Jesu aus dem Evangelium nach Thomas zu diesem Thema lauten so:

„Wenn das Fleisch entstanden ist wegen des Geistes, ist es ein Wunder. Wenn aber der Geist wegen des Körpers (entstanden ist), ist es ein wunderbares Wunder. Jedoch wundere ich mich darüber, wie dieser große Reichtum in dieser Armut Wohnung genommen hat. (Logion 29 p.38,31-39,2)

Während des Sterbeprozesses an der Persönlichkeit festzuhalten ist so, als wollten wir die äußere und flüchtige Form einer aus dem Ozean hervorgegangenen Welle festhalten. Aber genau das tut der Mensch und schafft sich dadurch zusätzliches Leid, weil er die flüchtige Form seiner Persönlichkeit nicht festhalten kann. Er kann aber mit der sich wandelnden Welle sein, indem er sich auf sein unwandelbares, formloses Bewusstsein besinnt, dass der Welle weder hinterherhinkt, noch ihr voraus eilt, sondern immer im momentanen Augenblick weilt.

Deshalb lehren uns die großen spirituellen Lehrer, im Hier und Jetzt zu leben, in tiefer Meditation den Zustand persönlichen Nicht-Seins zu erfahren.

Hier stellen sich nun folgende Fragen:

Ob die in der Altenpflege oft mit großer Begeisterung praktizierte und von Gerontologen hochgeschätzte Biographiearbeit einen Menschen nicht noch mehr auf seine Vergangenheit orientiert, fixiert und reduziert, sodass er permanent daran gehindert wird, mit der Welle zu sein?

Ob solche Biographiearbeit mehr der Selbstberuhigung der Ausübenden dient als dem Wohl des alten Menschen?

Ob wir mit medizinischem Hinauszögern des Sterbeprozesses ein der Welle hinterherhinken fördern?

Ob wir, wie es in manchen Ländern praktiziert wird, mit „dem Tod auf Verlangen", ein der Welle vorauseilen erzeugen?

Des Weiteren muss sich eine fundierte Palliativmedizin und Pflege auch mit Fragen zum Leid und dem Sinn des menschlichen Daseins beschäftigen:

Was das Leid betrifft, kann zwischen vermeidbarem und unvermeidbarem Leid unterschieden werden.

Unvermeidbares Leid kommt grundsätzlich durch den unaufhörlichen Wandel, der dem Leben innewohnt, zustande. Es bezeichnet die Phasen des Übergangs von einem Zustand in einen anderen oder von einer Form in eine andere Form, wobei der Tod der einen, das Leben der anderen bedeutet. Es ist der Natur der Dinge innewohnendes Leid.

Vermeidbares Leid entsteht durch ein Verzögern oder ein Forcieren von Übergängen.

Wenn es um den Sinn des menschlichen Lebens geht, müssen wir, wenn wir aufrichtig sind, eingestehen, dass wir darüber nicht viel oder gar nichts wissen. Wir können aber sagen, dass jeder persönliche Lebenssinn relativ ist. Was von einem Standpunkt aus Sinn macht, ist von einem anderen Standpunkt aus gesehen vollkommener Unsinn und umgekehrt.

Was den überpersönlichen oder kosmologischen Sinn angeht, finden wir in einer alten taoistischen Überlieferung folgende denkwürdige Aussage:

„Der Meister Lü Dsu sprach: Himmel und Erde gegenüber ist der Mensch wie eine Eintagsfliege. Aber dem großen Sinn gegenüber sind auch Himmel und Erde wie eine Luftblase und ein Schatten. Nur der ursprüngliche Geist und das wahre Wesen überwinden Zeit und Raum."

Was sollten der „ursprüngliche Geist und das wahre Wesen" wohl anderes sein, als das ursprüngliche, ungeformte Bewusstsein?

Auch wenn wir den hohen Ansprüchen eines wirklich würdevollen Sterbens meist nicht genügen können – sei es aus politischen, gesellschaftlichen oder rechtlichen Gründen, oder aus spiritueller Armut, aus mangelnder Bereitschaft des Sterbenden, aus Unverstand der Angehörigen, der Pflegenden oder der Mediziner – und ein solches Sterben nur einzelnen Individuen vorbehalten bleibt, so können wir doch in der Endphase des Sterbens, in pflegerischer und medizinischer Hinsicht sehr viel tun, um einem Menschen den Übergang zu erleichtern.

Pflege, Medikation und Ernährung in der Endphase des Sterbens

Um eine bedürfnisgerechte Pflege und medizinische Versorgung sterbender Menschen zu gewährleisten, sollten wir das Folgende bedenken:

Die Unvermeidbarkeit des Sterbens: Das Leben eines Individuums gleicht einer Welle, die aus dem Ozean des Lebens emporsteigt und nachdem sie ihren Höhepunkt erreicht hat, auch wieder verebbt und sich auflöst.

Natürlich wissen wir das. Aber trotzdem wird nicht selten versucht, einen Menschen, der sich in der Endphase des Sterbens befindet, zurückzuholen oder sein Sterben hinauszuzögern. Daran wäre ja auch nichts auszusetzen, solange es sich um einen Menschen handelt, der sich noch in der Formungs- oder Erhaltungsphase seines natürlichen Lebenskreislaufs befindet, oder solange angenommen werden kann, dass er sich wieder vollständig erholt und regeneriert, wenn er zurückgeholt wird.

Handelt es sich jedoch um einen Menschen, der sich schon in der Auflösungsphase seines natürlichen Lebenskreislaufs befindet und möglicherweise auch schon an Demenz leidet, ist die Sache nicht mehr so einfach. Weil das Sterben letztendlich unvermeidbar ist, müssen wir uns nämlich fragen: Was holen wir zurück und wohin holen wir jemanden zurück? Holen wir den Menschen in einen schlimmeren Zustand als vorher zurück? Verlängern wir seinen Sterbeprozess unnötigerweise, indem wir standardisierte Rettungsmaßnahmen über ihn ergehen lassen? Verlängern wir sein Leiden unnötigerweise, indem wir durch Medikamente jeglicher Art, durch Sondenernährung oder Infusionen, sein Sterben hinauszögern?

Manche mögen hier einwenden, dass wir nicht das Recht besitzen, über Leben und Tod eines anderen Menschen zu entscheiden. Woher aber nehmen wir dann das Recht, uns in den natürlichen Sterbeprozess eines anderen Menschen einzumischen und ihn hinauszuzögern? Ob wir es wollen oder nicht, ob wir das Recht haben oder nicht, wir müssen uns für etwas entscheiden. Im Zweifelsfalle immer für das Wohl des Sterbenden und den natürlichen Lauf der Dinge.

Der Beginn des Sterbens:
Das Sterben eines Menschen beginnt oft schon Jahre vor seinem körperlichen Tod und ist durch Degenerationsprozesse wie das Nachlassen von Organfunktionen und geistigen Fähigkeiten gekennzeichnet. Fortgeschrittene Demenz bedeutet dann auch fortgeschrittener Sterbeprozess, was aber nicht bedeute soll, dass sich ein solcher Mensch bereits in der Endphase seines Sterbeprozesses befindet. Letztere beginnt oft damit, dass der betreffende Mensch, wenn er nicht einen plötzlichen Tod stirbt, aufhört Nahrung zu sich zu nehmen, nur wenig oder gar keine Flüssigkeit mehr zu sich nimmt und sich innerlich mehr und mehr

zurückzieht. Auf Ansprache antwortet er oft ange-strengt, spärlich oder gar nicht.

Wir können diesen anfänglichen Prozess der Endphase des Sterbens als natürliche und letzte Vorbereitung auf den nahenden Tod sehen. Mit ein wenig Glück hat ein solcher Mensch Angehörige oder auch Pflegekräfte und Mediziner um sich, die seine Situation verstehen und ihn in Ruhe lassen. Dann kann dieser Mensch, je nach Konstitution und aufgenommener Nahrungs-und Flüssigkeitsmenge, in wenigen Tagen bis wenige Wochen eines natürlichen Todes sterben.

Eine solche natürliche und letzte Vorbereitung auf den nahenden Tod bleibt allerdings denen verwehrt, die über eine Magensonde oder andere invasive Metho-den ernährt werden. Sie müssen oft einen grausamen Tod sterben. Weil nämlich in der Endphase des Ster-bens die Organfunktionen massiv nachlassen, kann die, von den Ernährungsexperten empfohlene, oft zwanghaft zugeführte Nahrungs- und Flüssigkeits-menge nicht mehr vom Organismus verarbeitet wer-den. Es kommt dann häufig zur Ansammlung von Flüs-sigkeit in den Lungen, mit der Folge von Atemnot und dem Erbrechen der zugeführten Nahrung. Wenn die Nahrungszufuhr in dieser Phase nicht eingestellt wird, kommt es meist zum Erstickungstod des betroffenen Menschen.

Trotzdem gibt es noch der Persönlichkeitskultur an-hängende und ehrgeizige Mediziner, die den Angehö-rigen von Demenzkranken, die nicht mehr essen können, ein schlechtes Gewissen einreden, indem sie ihnen sagen, sie würden ihren Angehörigen verhungern lassen, wenn sie das Legen einer Magensonde ablehnen.

Der Todeskampf:
Der Todeskampf tritt regelmäßig in der Endphase des Sterbens auf und ist, je nach individueller Konstitution, stärker oder schwächer ausgeprägt. Er kann Minuten, Stunden oder Tage dauern.
Verursacht wird der Todeskampf einerseits durch die im Stammhirn angelegten Funktionen der Selbsterhaltung, die, gleichgültig was geschieht, versuchen Atmung und Herzschlag aufrechtzuerhalten. Und andererseits wird er durch die Anhaftungen des Bewusstseins am Körper und an Strukturen der Persönlichkeit, mit denen sich der betroffene Mensch während seines Lebens stark identifiziert hat, verursacht. Aber auch eventuelle Gewissenskonflikte durch unerledigte Dinge, die nicht mehr erledigt werden können, oder im Leben begangene Taten, die nicht mehr rückgängig gemacht werden können, spielen hier eine Rolle.

Die Kennzeichen des Todeskampfes sind:
Hastiges, aufgeregtes Atmen.
Kaltschweißigkeit.
Angespannte Gesichtsmuskulatur.
Körperliche Unruhezustände.
Rasche Augenbewegungen bei geschlossenen Lidern.
Ängstlicher Blick und Gesichtsausdruck.

Der Todeskampf ist Ausdruck des Übergangs der Form in die Formlosigkeit, des persönlichen Seins in ein persönliches Nichtsein, oder, der „Auflösung der Welle im Ozean".

Der Todeskampf ist ein wichtiger Bestandteil des Sterbeprozesses in der Endphase, weil er die endgültige Lösungsphase des Bewusstseins vom Körper und der Persönlichkeit darstellt.

Wir können und sollten hier nur lindernd eingreifen durch:

Möglichst entspannte Lagerung.

Unterlassung von Nahrungs- und Flüssigkeitszufuhr. Und wenn erforderlich, Angst lösende und schmerzlindernde Medikamente.

Bei der Medikation sollten wir jedoch darauf achten, dass wir den Sterbenden nicht in die vollkommene Bewusstlosigkeit hinein katapultieren und ihm so seinen ihm eigenen Todeskampf nehmen. Ein nicht zu Ende geführter Todeskampf würde nämlich einer unvollständigen Loslösung oder einem unvollständigen Übergang gleichen.

Das Aufhören des Todeskampfes:

Wenn der betreffende Mensch nicht schon während des Todeskampfes stirbt, beginnen sich gegen Ende der Loslösungsphase die Gesichtsmuskulatur und der ganze Körper zu entspannen, das Gesicht ist glatt und entspannt, der Blick verklärt, die Atmung erfolgt nur noch mechanisch. Die „Welle ist wieder zum Ozean geworden".

189

Hier gibt es in pflegerischer und medizinischer Hinsicht nicht mehr viel zu tun. Außer stillem Gegenwärtigsein. Besondere Lagerungen, zur Vermeidung eines Dekubitus, oder andere invasive pflegerische Maßnahmen sind hier auch nicht mehr angebracht.

Der Körper gleicht jetzt einem Gefährt, aus welchem der Fahrer ausgestiegen ist. Das Gefährt ist leer. Es rollt noch einige Zeit weiter, bis es mit einem letzten Ausatmen endgültig zum Stehen kommt. ... STILLE ...

Spezielle pflegerische Maßnahmen:

Zur Lagerung:
Die Lagerung eines Sterbenden sollte so sein, dass die größtmögliche Entspannung und eine erleichterte Atmung möglich sind. Dazu eignet sich meist die flache Rückenlage oder die sogenannte Totenlage am besten. Oberkörperhochlagerungen und Seitenlagerungen sind nur selten angebracht. Sollte dennoch eine Seitenlagerung erforderlich sein, ist die Rechtslagerung vorzuziehen, um den Druck auf das Herz zu vermindern. Ferner sollte bei der Lagerung, sofern möglich, auf eine symmetrische Ausrichtung der Gliedmaßen geachtet werden, da in einer symmetrischen Lage die größtmögliche Entspannung erfolgen kann.

Zur Atmung:
In der Endphase des Sterbens ist die Atmung oft mit einem Rasselgeräusch verbunden, das aber meist keinerlei Maßnahmen bedarf, solange der Atem frei fließt. Es kommt aufgrund des fehlenden Schluckreflexes durch eine Flüssigkeitsansammlung im Rachen sowie durch die Erschlaffung des Gaumensegels zustande und ist der Atmung meist nicht hinderlich, wenn auf orale und parenterale Flüssigkeitszufuhr verzichtet wird. Bei flacher Rückenlage kann sich die Flüssigkeit im hinteren Rachen sammeln, wobei der Atem frei darüber hinweg fließt. Bei Oberkörperhochlagerung fließt diese Flüssigkeit, der Schwerkraft folgend,

immer wieder in die Trachea, sodass der Sterbende sie immer wieder abhusten muss.

Zum Absaugen:
Ein Absaugen der Atemwege ist meist nur dann erforderlich, wenn dem Sterbenden „wohlmeinend" Flüssigkeit zugeführt wird, welche sich durch die eingeschränkte Nieren- und Herzfunktion während des Sterbeprozesses, ihren Ausweg über die Lungen sucht und die Atmung massivst behindert.

Zur Nahrungs- und Flüssigkeitszufuhr:
Viele Palliativmediziner vertreten die Meinung, dass das „Verhungern" oder „Verdursten" eines sterbenden Menschen ein Mythos sei, da der Sterbende in der Endphase gar keinen Hunger oder Durst mehr empfindet. Lediglich ausgetrocknete Mundschleimhäute können ein Durstgefühl entstehen lassen, welches aber durch Feuchthalten der Mundschleimhäute verhindert werden kann. Eine Zufuhr von Nahrung oder Flüssigkeit würde den sterbenden Organismus nur unnötig belasten.
Zur Mundpflege:

Zur Vermeidung des Durstgefühls sollten die Mundschleimhäute eines Sterbenden stets feucht gehalten werden. Dies kann z. B. mit Wasser, Tee, Glycerin getränkten Tupfern oder gefüllten Sprühfläschchen, oder aber auch mit künstlichem Speichel geschehen.

Zur Sauerstoffgabe:
Die Sauerstoffgabe bei Sterbenden in der Endphase wird von vielen Palliativmedizinern abgelehnt, da es lediglich zur Austrocknung der Schleimhäute und somit zu einem größeren Durstgefühl führt.

Selbstverständnis der Altenpflege:
Wirkliche Altenpflege besteht darin,
sterbenden Menschen ihr Dasein zu erleichtern
und
ihnen beizustehen
in ihren letzten Stunden
!!!

Ausblicke

Solange wir die Persönlichkeit als das Wesen oder als die Natur des Menschen selbst betrachten, werden wir mechanische Verhaltensweisen als „Leben" bezeichnen und die Erfüllung von Wünschen skurrilster Art werden wir „Lebensqualität" nennen.

Eigensinn werden wir als „Selbstbestimmung" und „Individualität" ansehen.

Geistige Umnachtung werden wir als „würdevolles Dasein" betrachten.

Medizinisch und pflegerisch werden wir „wohlmeinend" versuchen, die mechanischen Restfragmente sterbender Persönlichkeitsstrukturen, so lange wie möglich aufrechtzuerhalten. Wir werden Menschen im Namen der „Würde", solange wie möglich in einem menschenunwürdigen Zustand halten.

Unser Verhältnis zum Tod wird krankhaft sein.

Die Gerontopsychiatrie und die Psychologie werden sich weiterhin innerhalb der Persönlichkeit im Kreise drehen und auf den Versuch, zu retten, was zu retten ist, beschränkt bleiben.

Sie werden weiterhin versuchen bestimmte Neurotransmitter ins Gleichgewicht zu bringen, um den inneren desolaten Zustand eines Menschen wenigstens einigermaßen erträglich zu machen.

Sie werden weiter Fragebögen zur Einschätzung des Demenzgrades eines Menschen entwerfen und

Methoden entwickeln, um das Gedächtnis von Demenzkranken zu trainieren, usw.

Dabei wäre es wohl viel wichtiger mit einem dementen Menschen im Augenblick zu Sein, oder besser noch, bewusst zu Sein.

Denn vom spirituellen Standpunkt aus gesehen ist es für solch einen Menschen besser, sich an sein Bewusstsein zu erinnern, als daran, dass eine Tasse „Tasse", ein Hund „Hund" oder eine Katze „Katze" heißt usw.

Sobald wir sehen und begreifen, dass die Natur und das Wesen des Menschen im Bewusstsein liegen, werden sich unser Handeln und unsere Perspektiven vollständig ändern:

Es wird zu einer Verschiebung der Werte von außen nach innen kommen.

Der Kern oder das Wesen des Menschen wird jetzt erstrangigen Wert erhalten. Die Persönlichkeit und Außendinge werden zwar wichtig sein, aber zweitrangig.

Körper und Persönlichkeit werden zur Wohnstatt und zu Werkzeugen des Bewusstseins.

Wenn diese unbrauchbar geworden sind, ist die Zeit gekommen, um sich von ihnen zu trennen.

Aufgabe der Medizin und Altenpflege wird es dann sein, diesen Trennungsprozess zu unterstützen, anstatt ihn zu verlängern.

Unsere so genannte „Mitmenschlichkeit", welche meist persönlichem Selbstmitleid entspringt, wird sich zu wahrem Mitgefühl für ein in den Persönlichkeitsresten eingesperrtes Bewusstsein wandeln.

Wir werden dem Menschen mehr Achtung entgegenbringen, weil wir wissen, dass in ihm etwas wohnt, das größer als er selbst und nicht von dieser Welt – der Welt der Persönlichkeit – ist.

Da aber unsere moderne Gesellschaft vollständig auf einer Persönlichkeitskultur beruht, wird es wohl noch viele, viele Jahre dauern, bis sich auch in der Allgemeinheit die Einsicht durchgesetzt hat, dass das Wesen des Menschen nicht seine Persönlichkeit ist.

Und solange die Persönlichkeitskultur in unserer Gesellschaft vorherrscht, werden unsere anerkannten Schulsysteme weiter wohlfunktionierende Automaten für die Wirtschaft produzieren, ohne dem Menschen etwas über seine wirkliche Natur zu sagen.

Die dritte Lebensphase oder die Phase des Rückzugs und der Auflösung wird weiter zur Veräußerung des Bewusstseins missbraucht werden, anstatt der Vorbereitung auf den Tod zu dienen.

Der Mensch wird sich weiterhin für den „Herrn" der Schöpfung halten, während er weiter Sklave seiner persönlichen Wünsche, Vorlieben, Abneigungen und Konditionierungen bleibt.

Wir werden weiter versuchen die flüchtigen Erscheinungen des Lebens festzuhalten, indem wir diese als biografische Daten oder Dokumentationen niederschreiben und so dem Leben hinterherhinken. Denn die Biografie eines Menschen ist nicht mehr als eine Spur, die seine Persönlichkeit im Sand am Strand des

Lebens hinterlassen hat. Und da die Biografie eines Menschen immer in der Vergangenheit liegt, ist sie etwas Totes.

Ist es da nicht merkwürdig, dass sich Fachleute der Altenpflege und Gerontopsychiatrie mehr mit diesem toten Ding, das sie Biografie nennen, beschäftigen, als mit dem wirklichen Leben, das in einem Menschen pulsiert? Gleichen sie nicht Spurenlesern, welche die hinterlassenen Spuren eines Wesens für das Wesen selbst halten?

Es wird weiterhin mit Qualitätssiegeln versehene Altenheime und Pflegeeinrichtungen zur Verlängerung des menschlichen Leidens und zur Ernährung des Wahnsinns geben, ohne dass dies den Betreibern solcher Einrichtungen und den Pflegenden bewusst ist.

Es werden immer wieder neue Gesetzesentwürfe, beschönigende Worte und äußere Rahmenbedingungen geschaffen, um über diese schrecklichen Tatsachen hinwegzutäuschen.

Nett garnierte Speisen und Sicherheitsmaßnahmen werden wichtiger als die innere Situation des Menschen sein.

Die politischen Vertreter unserer Gesellschaft und der Persönlichkeitskultur werden weiter sogenannte „Demenzzentren" mit Persönlichkeitskultfiguren als Vorstände für die „Hilfe zur Selbsthilfe" fördern oder errichten, um über die eigene und die allgemeine Hilflosigkeit gegenüber der „Demenzsituation" in unserer Gesellschaft hinwegzutäuschen.

Wie soll denn Hilflosigkeit wirklich helfen können? Die Wissenschaften werden weiter versuchen den Tod aus der Existenz zu verbannen, ohne zu bedenken, dass sie mit dem Tod auch das Leben verbannen.

Die medizinischen und pharmazeutischen Institutionen werden weiterhin mehr am Profit, als an der Linderung menschlichen Leidens interessiert sein.

Und weil die Gesetzgebung einer todesverneinenden Persönlichkeitskultur folgt, werden diejenigen, welche die innere und schreckliche Situation des Menschen wirklich erkannt haben, zu ihrem eigenen Selbstschutz wohl weiter „mit den Wölfen heulen" müssen.

„Siehe, ich sende euch wie Schafe mitten unter Wölfe; so seid nun klug wie die Schlangen und einfältig wie die Tauben. Hütet euch aber vor den Menschen! Denn sie werden euch an Gerichte überliefern ..." (Matthäus 10, 16-17), sagt Jesus.

Wie düster und traurig solche Ausblicke auch sein mögen. Die Hoffnung für ein menschenwürdigeres Sterben liegt auf denen, die erkennen werden, dass der Mensch nicht sein Körper und auch nicht seine Persönlichkeit ist...

***

Sollte dieses Buch den Leser dazu angeregt haben, einen spirituellen Weg gehen zu wollen, so kann er in den im Literaturverzeichnis aufgeführten Schriften, in weiteren Büchern des Verfassers und insbesondere auch in den Schriften von Meister Li Hongzhi, unter https://de.falundafa.org/home.html ausführliche Materialien und Übungsanleitungen finden.

Weitere Schriften des Verfassers:

In Würde Wandeln und Sterben – Eine spirituelle Psychologie des Wandelns und Sterbens.

Erwachen zum wirklichen Sein – Die Kosmopsychologie des Bewusstseins – Ein Weg aus dem Elend.

Die ideologische Versklavung des Menschen und seine mögliche Freiheit – Die Vision vom wahren Menschen.

Literaturverzeichnis

Evans-Wentz, Walter Y.; Göpfert-March, Louise: Das tibetanische Totenbuch oder Die Nach-Tod-Erfahrung auf der Bardo-Stufe. Mannheim: Artemis & Winkler Verlag, 2003.

Hongzhi, Li: Zhuan Falun (Deutsche Version) - Ausgabe 2012-2. : GoodSpirit Verlag, 2015.

Gurdjieff, Georg Iwanowitsch: Beelzebubs Erzählungen für seinen Enkel: eine objektiv unparteiische Kritik des Lebens der Menschen. Basel: Sphinx, 1987.

Gurdjieff, Georg Iwanowitsch: Das Leben ist nur dann wirklich, wenn "ich bin". 2. Aufl. Basel: Sphinx, 1987.

Nicoll, Maurice: Living Time. : Eureka, 2000.

Nicoll, Maurice: Psychological Commentaries on the Teaching of Gurdjieff and Ouspensky. New edition. Boston, Mass. [u.a.]: Weiser Books, 1996.

Nietzsche, Friedrich: Also sprach Zarathustra. 4. Aufl.. Frankfurt am Main: Fischer Taschenbuch, 2008.

Osho, Osho: The Fish in the Sea is Not Thirsty. New Delhi: Wisdom Tree, 2008.

Ouspensky, Peter D.: Auf der Suche nach dem Wunderbaren: Perspektiven der Welterfahrung und der Selbsterkenntnis. 12. Aufl.. Berlin: Barth, 1993.

Ouspensky, Peter D.: Psychologie der möglichen Evolution des Menschen. 6. Auflage.. Bad Oldesloe: Neue Erde GmbH, 2008.

Ouspensky, Petr D.: Tertium Organum: der dritte Kanon des Denkens: ein Schlüssel zu den Rätseln der Welt.: O. W. Barth [im] Scherz-Verlag, 1988.

Salzmann, Jeanne de: The Reality of Being. 1. Aufl.. : Shambhala Publications, 2011.

Schröter, Jens/Bethge, Hans-Gebhard: Das Evangelium nach Thomas (NHCII,2)
http://www-theol.uni-graz.at/~heil/lvws0506/evth.pdf

Wilhelm, Richard; Jung, Carl Gustav; Wilhelm, Richard: Geheimnis der goldenen Blüte: das Buch von Bewusstsein und Leben. Kreuzlingen, München: H. Hugendubel, 2005.